유럽을
성찰하다

IL FAUT DIRE QUE LES TEMPS ONT CHANGÉ

by Daniel Cohen

ⓒEditions Albin Michel – Paris 2018

Korean translation copyrightⓒGeulhangari Publisher 2020

Published by arrangement with Editions Albin Michel through Sibylle Books Literary Agency, Seoul.

유럽을 성찰하다

다니엘 코엔 Daniel Cohen
김진식 옮김

글항아리

1964년에 밥 딜런은 '시대가 변했다'라는 노래를 불렀다.[1] '시대는 변했다.' 하지만 시대는 예상했던 방향으로 변하지는 않았다. 이상한 변화가 일어나면서 우리는 한 세상에서 앞선 시대와도 완전히 낯선 다른 세상으로 건너왔다. 눈부신 미래를 향한 희망이 있던 자리에 화려했던 과거에 대한 향수가 자리를 잡았다. 과거의 좌파가 행하던 비판의 메가폰 역할을 포퓰리즘이 이어받았다. 영원한 현재의 공간에 갇혀서 앞날을 생각하기가 너무나 어렵게 된 오늘날 청년 세대의 상황이야말로 지난 반세기 동안 쌓여온 정신적 외상의 증상이라 할 수 있다.

선진사회에서 나타나는 이 기나긴 방황은 삶이 그만큼 힘들다는 것을 보여주고 있다. 상당한 재산을 물려받았지만 부모를 다시 만나리라는 헛된 희망 속에 재산을 낭비한 고아처럼, 탈산업사회는 예전 세상의 진보의 약속을 되찾으려 안간힘을 다했다. 그러나 이런 노력이 예기치 않았던 이상한 상황에 이르게 되었다는 것을 깨달은 것은 최근의 일이다. 돌연변이라도 일어난 것처럼, 농경민보다는 수렵 채집인에 훨씬 더 가까운 '디지털 인간homo digitalis'이라는 전혀 새로운 인류가 태어났다. 알고리즘으로 이뤄진 이들의 삶은 곧 문명의 미래를 결정할 것이다. 이런 인류를 낳은 분노와 실망을 이해하고 그 속에 녹아들어 있는 무관심, 달라지고 있는 삶의 기쁨의 양상 등을 파악하는 것이 중요하다. 이런 작업은, 인류 유산의 하나인 인간적 가치가 또다시 배반당하지 않고 지속되기 위해서 우리가 반드시 수행해야 할 과제다.

50년 전 1968년 5월 혁명은, 앙시앵레짐을 무너뜨린 프랑스대혁명처럼 사람들의 상상력에 불을 붙였다. 대학가인 라탱 구를 행진하던 젊은 세대들에게는 부르주아를 무너뜨리는 것만이 문제였다. 언젠가 마르크스도 이야기했듯이, 역사는 희극의 형태로 되풀이되고 있다. 68년 5월 혁명은 어떤 이도 처형되지 않은 즐거운 파티와 같았다. 문제는 더 이상 빵을 요구하는 것이 아니라 부를 '거리낌 없이 즐기는 것'이었다. 샌프란시스코, 파리, 베를린의 신세대들은 단조롭게 되풀이되는 노동과 물질의 문제에서 벗어나 사랑과 로큰롤로 이뤄진 새로운 세상을 만들 수 있다고 생각했다.

하지만 안타깝게도, 1970년대 중반부터 경제성장이 중단되고 기나긴 경기침체가 시작되면서 1960년대의 열망은 물거품이 되었다. 프롤레타리아 혁명을 준비하며 공장에 잠입했던 좌파 청년들에게는 경악스럽게도, 당시 산업은 섬유, 야금, 조선소의 위기로 인해 내리막길을 걷기 시작했다. 성경에서 말하는 일의 저주에서 벗어날 수 있으리라 믿었던 이 세대의 열정은 이렇게 무너졌는데, 이것이 지난 50년 동안에 있었던 첫 번째 트라우마일 것이다.

경제 위기는 68혁명의 반대자들에게 역습의 기회를 제공했다. 아일랜드의 토머스 버크는 프랑스 대혁명이 '무절제와 악덕'의 사슬을 풀어놓아 젊은 세대들이 '지혜와 미덕'을 가질 수 없게 되었다고 비판했다. 1980년대 초반에 등장한 신보수주의자들도 같은 실수를 범했다. 68혁명 세대들이 '금지를 금하기를' 원했지만, 잘못 생각한 게 있었다. 모든 사회는 규칙과 금지를 통해 유지되기 때문이다. 그들은 또 '불가능을 요구하기'를 원했지만, 인간 조건이 비극적이라는 것을 깜빡 잊고 있었다. 68혁명에 대한 비판은 '무력감과 쾌락주의와 도덕적 혼란에 빠지는 것'을 한시바삐 막아야 한다는 것이었다.

레이건의 대통령 당선은 그의 지지자들에게는 쾌락 원칙에 대한 현실 원칙의 설욕으로 보였다. 레이건은 경제가 아닌 도덕적 혁명의 기수였다. 하지만 레이건은 68혁명 세대만큼이나 순진한 환상을 통해 지지를 이끌어내는데, 도덕성 회복을 통해서 자본주의는 자동 조절되리라는 게 그것이다. 그러나 그의 당선 이후 실제로 실현된 것은, 아무런 절제도 없는 가운데 터져나온 부의 불평등과 탐욕의 승리였을 뿐이다. 보수주의 혁명의 이 배반은 우리 시대가 겪은 두 번째로 큰 헛된 기대와 착각이었다.

1960년대에서 1980년대로 이처럼 급격하게 변화한 것은 인간 욕망의 양극단 사이에서 이뤄진 진부한 왕복운동이었던 것으로 보인다. 인간 욕망의 양극단은 보들레르가 '이 세상 밖 어디든지'라고 불렀던, '스스로에게서 해방되어 멀리 떠나고자 하는 마음'과, 이 역시 우리가 자주 경험하는 '자기 자신으로 되돌아가고자 하는 마음'으로 되어 있다.[2] 지난 반세기 동안의 변화는 이처럼 깊이 왜곡된 대립의 형식으로 진행되었다. 전통에 대한 찬사는 타인 기피와 외국인 혐오증으로 변했고, 기존 질서에 대한 즐거운 이의 제기는 경쟁적인 개인주의 속에 쓰러져 있다. 해방과 전통이 대립하는 이 현장에서 우리는 승자와 패자의 커다란 분열을 목격했다. 관습에서 해방되어 자율적인 존재가 된 승자와, 전통이 제공해주지 않는 보호책을 전통에서 찾고 있는 패자가 그것이다.

지금의 포퓰리즘은 바로 이런 위기가 겉으로 드러난 것이다. 산업사회가 제공해주던 지표를 잃어버리고 끝없는 모험을 펼친 끝에 민중은, 지나친 도덕적 관용주의라며 좌파를 비난하는 한편, 부자가 될 생각만 한다고 우파를 비난하면서 저항하고 있다. 마침내 민중은 문화적이고 경제적인 것뿐 아니라 모든 형태의 자유주의의 종말을 주장하기에 이른다. 노동계급이 포퓰리즘 정당으로 넘어간 것은 대학 캠퍼스 벽에 "노동계급이 학생들의 연약한 손에 들린 반란의 깃발을 이어받을 것이다"라고 썼던 68세대의 희망에 조종을 울리고 있다. 이것이 우리 시대가 인정할 수밖에 없는 세 번째 환상이었다.

연속으로 나타나는 이런 위기와 단절을 어떻게 이해해야 할까? 이 시대가 소리 없이 보여주는 현상들은 과연 어떤 병일까? 그 대답은 산업세계라는 문명의 붕괴와 더 이상 후계자를 찾기 힘든 진보 사회의 커다란 어려움과 관련되어 있다. 오늘날의 시대를 부르는 '후기산업사회'라는 명칭이 많은 오해를 낳는 것 같다. 후기산업사회를 두고 좌파는 자본주의를 벗어나는 것으로, 우파는 노동 가치라는 기본 가치로 복귀하는 것으로 해석했다. 하지만 이 두 시각 모두 틀렸다. 후기산업사회의 참된 의미를 가리고 있던 장막이 최근 들어 걷히고 있기 때문일 것이다.

산업사회를 지나오면서 생겨났던 환상, 거기서 벗어나는 과정을 이해하기 위해서는 1949년에 발간된 장 푸라스티에의 중요한 저서 『20세기의 큰 희망』을 음미할 필요가 있다.[3] 이 경제학자에 따르면, 농경사회에서는 땅을, 산업사회에서는 물질을 가공했다. 그런데 이제 많은 시간을 물건보다는 건강이나 교육, 여가와 같이 사람에게 쏟는 이 새로운 사회의 희망은 인간이 인간 자신에게 몰두하는 것이었다. 인간화의 길을 걷던 경제학의 이런 염원은 그러나 배반당하고 만다.

푸라스티에는 오늘날 사회의 불굴의 성장 욕구를 과소평가했다. 그런데 어떤 사람이 다른 사람을 돌보는 서비스 사회에서는 경제성장이 있을 수 없다. 전자의 소득이 후자의 소득에 의해 제한되기 때문이다. 유치원 교사나 간병인 같은 인적 서비스는 새로운 세상의 깃발이라기보다는 아주 낮은 임금의 영역에 맡겨져 있던 것들일 뿐이다. 사르코지 대통령이 선동했듯이 '더 많이 일하면 더 많이 벌' 수 있다. 하지만 그렇다고 이제는 1950~1960년대 산업사회에서처럼 더 이상 15년마다 소득이 2배로 오를 수는 없게 되었다. 구매력 상승이 가능하려면 연극 무대에서 텔레비전으로 옮겨감으로써 관객의 숫자를 대폭 증가시키는 연극배우처럼 더 많은 고객을 확보할 수 있는 '규모의 효율성'을 확보해야 한다.

탈산업사회는 숱한 시행착오 끝에 적절한 명칭인 '디지털 사회'라는 제대로 된 길을 이제는 찾은 것 같다. 규모의 효율성을 갖기 위해서는 다른 정보가 취급할 수 있는 정보가 되기 위해 모든 것이 강제로 거대한 사이버 공간에 들어가야 한다. 사전에 모든 것이 디지털화되어 있으면 소프트웨어와 인공지능은 무한대의 고객을 돌보고 배려하고 충고하고 즐겁게 할 수 있는 능력을 갖추게 될 것이다. 미래를 예고하는 영화 「그녀Her」에는 '감정 소프트웨어'가 등장하는데 거기에 나오는 여배우 스칼렛 요한슨의 매력적인 목소리는 한꺼번에 수백만 명의 사랑을 독

차지했다. 이런 것이 바로 인체의 한계를 뛰어넘는 세상, 즉 호모 디지털리스가 예고하는 세상의 모습이다.

이때 우리의 의문은 치료약이 병보다 나쁘지 않으리라고 어떻게 장담하냐는 것이다. 로봇이 인간을 대신하면서 근심거리가 늘어나지 않을까? 페이스북과 넷플릭스를 거치면서 새로운 플랫폼 위에서 이뤄지는 컨베이어벨트 식의 연쇄노동이 사람에 대한 테일러주의 시스템 관리로 변하지는 않을까? 산업사회의 해묵은 문제가 이를 대체한 사회 한가운데에서 시간의 엄청난 굴절로 인해 다시 제기되는 중이다. 도덕 붕괴나 금융 위기와 같은 그 모든 단계를 다시 밟아야 할까? 우리는 그때보다 잘할 수 있을까? 그 의미를 잘못 알지 않았다면 역사는 지금 쓰이는 중이다.

차
례

제1부

떠나다, 돌아오다

1장

현대의 신화들

1968년 5월 혁명 주역들에게 50년 전의 제1차 세계대전이 멀게 느껴졌던 것만큼이나 오늘날의 스무 살 청년들이 살고 있는 시공간에서 1968년 5월 혁명은 아득히 멀리 있다. 그러나 두 경우 모두에서 과거의 무게는 결코 가벼운 것이 아니다. 68혁명의 청년들은 그들의 부모가 소비사회의 지겨운 안락함에 빠져 역사의 비극을 망각했다며 비난했고, 오늘날의 청년들은 연장자들을 향해 정반대의 비난을 쏟아내고 있다. 부모 세대의 과소비 결과로 자신들은 물질적 안정을 보장받지 못했다는 것이다.

68혁명을 반대했던 사람들은 지금 세상이 저주받는 원인은 바로 68혁명이라고 비난한다. 절대적 자유를 주장한 68혁명이 개인주의를 만연시킨 결과 자유주의 경제를 낳았다는 것이다. 파리 오데옹 거리를 점령한 청년들과 샌프란시스코의 히피들은 월가를 점령하려 하지 않았다. 그런 일은 완전히 멍청한 짓이었다. 20년 뒤에 도덕성 회복이라는 명분으로 극단적 경제 자유를 주장한 레이건 대통령과 대처 수상은 바로 68혁명의 반대세력이다.

사실 68혁명은 이런 것들의 원인이라기보다는 당시 늘어나고 있던 개인주의에 대한 비판이었다.[1] 버클리와 로마를 비롯한 세계 도처의 청년 학생들은 소비에 매몰된 사회에 분노를 표출했다. 하지만 통계에 기초해서 분석하는 경제학자들은 당시를 황금기로 본다. 15년마다 소득이 2배로 상승할 정도로 성장률은 예외적이었다. 3퍼센트 이하의 실업률은 오늘날로서도 기적에 가까운 수치다. 장피에르 르고프는 이렇게 회고한다. "진보는 약속을 이행하는 듯 보였다. 여전히 희생과 노력이 수반되어 진정한 미래가 구현된 것은 아니지만 일상생활을 변화시킨 소비재와 생활 방식을 통해 과거는 폐기되고 있는 것 같았다."[2]

하지만 틈 사이로 몇 가지 균열이 일어난다. 젊은이들은 노동 시장 상황에 불안을 느낀다. 45만에 달하는 실업자의 재취업을 돕기 위해 국가고용청이 세워진 것은 1967년이었다.[3] 25세 이하 청년들이 전체 실업자의 40퍼센트를 차지했는데, 이는 오늘날의 2배에 달하는 것이다. 생존의 최소 기반으로 인정되던 최저임금이 평균 임금과는 분리되어 있었다.[4] 경제 상황은 좋았지만 하늘에 구름이 끼어 있었다.

삶의 어려움을 느끼는 것은 특히 주관적인 정보 속에서 그러하다. 빛나는 풍요의 광채 아래서 빈곤이 솟아난다. 1968년 3월 15일자 『르몽드』에 실린 피에르 비앙송퐁테의 「프랑스가 권태로울 때」라는 유명한 기사는 68혁명이 겨누었던 당시 프랑스 사회의 무기력을 완벽하게 정리하고 있다. 그의 설명에 따르면, 당시 프랑스는 처음으로 1세기 동안의 평화를 누리고 있었다. 프랑스는 과거와 같은 영웅적인 삶을 부르주아 사회의 안락함으로 맞바꿨다. 그러고는 권태를 느낀다! 하지만 "어쩌면 사람들이 행복이라 부르는 게 그런 것일 테다"라고 비앙송퐁테는 결론 내린다. 쳇바퀴 도는 '지하철-근무-퇴근'의 행복을 당시 청년들은 원하지 않았던 것이다. 생산과 소비, 두 측면에서 산업사회는 한계를 보이고 있었다.

생산사회는 대량생산 노동과 테일러주의의 과학적 노동 관리였다. 20세기 초에 나온 테일러의 『과학적 관리법』은 기업의 성서로 통했다. 그는 작업 시간 단축을 위한 엄밀한 시간 관리를 위해 '작업장 스톱워치' 도입을 권한다. 그 결과 노동자의 동작은 무한 반복되는 동일한 동작이 되고 만다. 테일러주의는 당사자인 노동자를 생산 과정에서 소외시키는 결과를 낳는다. 작업으로부터 소외됨으로써 작업에 필요한 모든 조건이 처리된다는 식이다. 지식의 측면에서 노동자는 '생각하기 위해 작업장에 있는 것이 아닌 게' 되고, 시간의 측면에서 보면 노동자의 몸놀림 속도와 휴식은 이미 정해져 있는 것이 된다. 이 모든 것은 결국 배제라는 말로 요약될 수 있다. 노동자는 자신의 작업 현장에 홀로 존재하면서 다른 노동자와의 소통도 금지된다.[5]

테일러는 자신의 시스템이 인간적 비극을 낳으리라는 것을 모르지 않았다. 그 스스로 "우리 동료 노동자들의 눈에 분노가 이글거리는 것이 보인다"라고 말하곤 했다. 하지만 동시에 그는 새로운 생산 방식 덕분에 더 부유해진 노동자들이 작업장 밖에서는 번영의 결실을 누릴 것이라고 생각했다. 자동차의 헨리 포드는 재빨리 이를 깨우쳤다. 노동자들을 힘든 연속 작업에 붙들어두려면 가능한 한 많은 임금을 주어야 한다는 것을 알고 있었다. 고생하는 시간이 있지만 즐기는 시간도 따로 있다는 것이다.

소비하기 위해 힘들게 일하는 산업사회 밑바닥에 녹아들어 있는 이런 정신분열증은 정말 견디기 힘든 것이었다. 사람을 멍청하게 만드는 환경에서 생겨나는 피로뿐 아니라 예상치 않았던 권태와 무기력이 나타났는데, 그것은 소비 때문이었다. 1957년부터 롤랑 바르트의 그 유명한 『신화론』은 해방이라는 허울 아래 소시민들이 '계산과 질서'로 된 행복에 도달할 수 있다고 약속하는 소비사회의 해악을 밝혀낸다.[6] 1954년 파리에서 열린 제1차 세계세제총회와 분말세제 '오모Omo'의 성공을 두고 롤랑 바르트는 이렇게 논평한다. "오모가 아주 깊이 세척한다고 말하고 있다. 이 말은 세탁물이 깊이가 있다는 것을 전제로 하는데 이는 우리가 한 번도 생각해보지 못했던 것이

제1부 떠나다, 돌아오다

다. 이런 말은 세제가 우리 기분을 좋게 하는 물건이라 규정하고 칭송하는 것이다." 이어서 시트로엥에서 새로 나온 DS 모델을 언급하면서 이 모델이 자동차 신화의 변화를 나타낸다고 지적한다. 그때까지는 능력 과시용이던 자동차가 "오늘날 가정의 예술품에서 볼 수 있는 도구의 효용성에 들어맞는 더 가정적인 것이 되었다. 대시보드는 자동차의 중심이라기보다는 현대식 부엌의 작업대를 더 닮았다. 물결무늬가 있는 무광택의 얇은 덧창, 흰 공이 달린 작은 손잡이, 아주 단순한 표시등, 검소한 니켈 도금, 이 모든 것은 동작에 대한 일종의 제어를 의미하며, 그래서 성능보다는 안락함으로 생각되었다……"

롤랑 바르트에게서 영감을 얻은 사회학자 장 보드리야르는 소비사회에는 근본적으로 긴장이 관통하고 있다고 본다. 소비사회는 안락도 원하지만 동시에 비범함도 갖고 싶어하기 때문이다. 소비사회는 "그 자체의 수동성과 본질적으로 행동과 희생에 들어 있는 사회적인 도덕" 사이에서 분열되어 있다.[7] 보드리야르에 따르면 이런 모순을 해결하는 방법은 미디어를 통해 삶을 각색, 극화하는 것이다. 소비자가 보여주는 평온함은 파렴치한 시장 거리를 간신히 빠져나온 대단한 위업처럼 보이게 된다. 그리고 폭력을 가능한 한 있는 그대로 드러냄으로써 폭력을 본 사람들이 자신에게 주어진 평온함을 즐길 수 있게 해주었다. "소비사회는 풍요롭지만 위태롭게 포위된 예루살렘 같은데, 이게 바로 이 사회의 이데올로기다. 베트남전의 공포 앞에서도 긴장을 풀고서 텔레비전을 보고 있던 시청자들의 이데올로기 또한 바로 이것이다."

68혁명으로부터 10년이 지난 뒤 미국의 경제학자 앨버트 허시먼은 보드리야르의 분석에 중요한 보완을 가한다. 허시먼은 소비사회 인간의 무기력은 바로 번영에서 나온 것으로 본다. 사람들이 물질적 풍요를 만끽하고 있다고 여길 때는 좋은 경제 상황으로 풍요가 기대치를 뛰어넘을 때다. 그러나 물질적 풍요는 더 큰 만족과 더 큰 비범함, 더 많은 관대함을 요구하게 된다. 하지만 번영은 언제나 상대적인 것이다. 이미 도달한 풍요가 어떤 것이든 간에 그 만족이 끝나는 순간 소비 욕망은 재빨리 되살아난다. 저성장 시대에는 우선권의 본말이 전도된다. 위기를 접하면 사람들은 이기적으로 변하면서 자신의 이해로 물러서게 된다. 그러면서 경제적 불황과 정신적 불황이라는 두 방향의 불황이 전개된다. 허시먼에 따르면 인간의 욕망은 경제 사이클에 역행한다. 인간 욕망은 호경기에는 진정성을 원하고 불경기에는 물질적인 부를 원한다. 이 이론을 통해서 허시먼은 1960년대를 해석하고 또 경제 위기로 인해 소시민적인 안락의 요구가 강해지는 1980년대의 보수주의 혁명을 예상할 수 있었다.[8]

1978년에 허시먼이 몰랐던 것은 1960년대가 성장기의 정점 이상이었다는 사실이다. 훨씬 더 근본적인 변혁이 시작되고 있었는데, 산업사회의 추락은 실제로 진행되고 있었다. 1968년

제1부 떠나다, 돌아오다

5월에 울린 예리코의 나팔이 오래된 성벽을 무너뜨리고 있었다. 68혁명의 시민들은 무엇을 탐하고 나선 것이 아니다. 그들이 산업사회의 붕괴에 책임이 있다기보다는 스스로 이 사회의 취약함을 잘 알고 있었다. 의미 소멸로 잠식된 전대미문의 시대가 열리는 중이었는데, 이런 의미 소멸 때문에 이 시대가 펼쳐지는 데 50년이 걸렸다.

1. 싫증내는 청년?

68년 5월 혁명 50주년 기념행사를 보면서 우리는 프랑스 전체를 멈춰 서게 했던 그 광기의 한 달을 회상하게 되었다. "68혁명을 경험하지 않은 사람들에게" 파트릭 로트만은 자세하지만 절제된 68혁명 이야기를 전해준다. 정확히 말하면 파리의 봄은 학생들의 첫 대규모 시위가 있었던 1968년 5월 3일에 시작해, 1968년 6월 30일 국회의원 선거와 여름방학으로 끝났다. 10년 단위로 보면 68혁명은 알제리 전쟁의 종전과 1973년 오일 쇼크의 한가운데에 있다. 식민지 해방의 기운도 무르익어가고 있었다. 유럽을 해방시켰던 미국은 프랑스의 이미지가 심하게 저하된 것을 본다. 하지만 라틴아메리카의 독재자들을 지원함으로써 나치를 물리친 미국의 영웅심도 사그라든다.[9] 미국 청년들에게 베트남 전쟁은 정말 치욕이었다. 미국 청년들의 증오

제1부 떠나다, 돌아오다

는 국경을 넘어 나아갔다. 1968년 2월 17일과 18일 베를린에서 반전 시위가 일어나는데, 다니엘 콘벤디트, 알랭 크리빈, 앙리 베버를 비롯한 수백 명의 프랑스인이 여기에 참여한다. 독일에서 학생 시위의 리더는 루디 두취케였다. 동독 출신인 그는 자본주의와 공산주의 모두에 반대했다. 한 언론사의 폭력으로 그는 테러를 당하는데, 머리에 맞은 총탄 두 발로 며칠간 생사의 기로에 섰다.[10]

파리에서는 3월 21일 일어난 베트남 반전 시위 중 낭테르대학의 한 학생이 아메리칸 익스프레스 사의 유리창을 깼다고 구금되자 이것이 불씨를 지핀다.[11] 이튿날 학생들이 행정실을 점거하는데, 이날 즉 3월 22일이 이 혁명의 출발점이 된다. 5월 2일 그라팽 총장은 강의 중단을 결정한다. 여기에는 훗날 낭테르대학의 총장이 되는, 학생들의 시위를 지지한 사학과의 르네 레몽 교수의 강의도 포함된다. 학생들은 낭테르에서 파리 소르본대학으로 이동한다. 소르본대학 총장의 요청에 의해 소르본도 폐쇄된다. 본격적인 68년 5월 혁명은 이렇게 해서 시작된다.

그때까지 성소聖所로 남아 있던 대학 캠퍼스에 경찰이 난입한다. 파리의 바리케이드전이 5월 3일과 4일까지 이어진다. 운동은 지방으로 퍼져나가 툴루즈, 릴, 보르도, 마르세유 등지에서 수천 명의 학생이 경찰 진압에 항거한다. 경찰의 소르본 점거에 대응해 학생들이 라탱 구를 '점령'한 1968년 5월 10일 밤은 최고 정점의 순간으로 그야말로 완전히 '불타는 금요일' 밤이었다. 사전 협의 없이 학생들은 즉흥적으로, 길거리의 타일을 뽑아서 투석전에 돌입한다. 이후 '보도블록 아래에 해변이 있다'가 5월 혁명의 유명한 슬로건 중 하나가 된다.[12] 새벽 2시에 경찰이 습격한다. 양측에서 수많은 부상자가 속출한다. 이튿날인 5월 13일 노조가 총파업을 선언한다. 10년 전, 연일 계속된 알제리 시위로 인해 정부는 실권하고 드골이 부상하게 되었다. 드골은 아마 그 10년이 100년 같다고 생각했을 것이다.

프랑스 노조는 지지 선언을 하면서 학생들과 연합한다. 점차 공장도 멈춰섰다. 5월 14일부터 25일까지 단 열흘 남짓 동안 파업 참가자는 1000만 명에 달했다. 중국에 우호적인 세력들은 "노동계급이 연약한 학생들 손에서 저항의 깃발을 이어받자"고 쓴 현수막을 흔들었다. 다니엘 콘벤디트는 적색 깃발을 갖기 위해 프랑스 국기를 찢어야 한다는 선언으로 5월 22일 국외 추방된다. 24일 "우리 모두는 독일 유대인이다"라는 유명한 슬로건 주위로 학생들이 모여들었다.

5월 25일이 되자 퐁피두 수상이 권력의 반격에 나선다. 노동부에서 노조와의 협상이 시작되고, 공산당을 통해 모스크바로부터 격려를 받았을 노동총동맹CGT은 협상 원칙에 따라 행동한다. 총리를 역임한 좌파 지도자 프랑스 망데스의 후원과 프랑스민주노동동맹CFDT의 지원하에 새로운 시위를 준비하고 있던 5월 27일 새벽 힘겹게 협상이 체결되는데, 임금 7퍼센트, 최저임금 35퍼센트 인상과 기업체의 노조 지부 인정이 합의 내용의 골자였다.

5월 29일 드골 대통령이 갑자기 행방불명된다. 독일 바덴바덴에 있던 프랑스군 사령관 마시 장군을 은밀히 만나서 프랑스 사태를 논의했던 것이다. 정신없어 보이는 얼굴로 헬리콥터에서 내리는 『파리 마치』의 대통령 사진은 기가 꺾인 것처럼 보였다. 그러나 5월 30일 드골은 다시 주도권을 잡는다. 앙드레 말로를 필두로 한 수십만 명의 시위대가 드골을 지원하려고 샹젤리제로 올라오고 있을 때, 드골은 총리의 권고를 받아 의회 해산을 선포한다. 파업이 3주 더 지속된 6월 24일 시트로엥 공장이 다시 문을 열고 르노 공장의 업무도 6월 27일에 재개된다. 6월 말 정부 측은 의회의 절대다수를 차지한다. 주유소에는 기름이 다시 채워졌으며 프랑스인들은 주말 나들이를 다닐 수 있게 되었다. 혁명은 끝이 났다.

"안녕, 친구들"

68혁명을 '설명'하는 것은 젊은이들에게는 인구학적으로나 사회적으로나 엄청난 부담이다. 1968년 당시 프랑스인의 3분의 1은 20세 이하였고, 이는 60세 이상 '노년층' 숫자의 2배에 해당됐다.[13] 대학생 수는 1960년의 2배, 1946년의 5

배로 늘어나면서 '청년 저항 문화'가 등장했다. 영국의 노동자들이 거주하는 도시 근교에서 태어난 비틀스와 롤링스톤스는 엘비스 프레슬리나 척 베리와 함께 1950년대에 미국에서 나온 로큰롤을 받아들인다. 프랑스에서는 조니 할리데이, 실비 바르탱, 리샤르 앙토니를 비롯한 많은 가수가, 에드가 모랭의 표현에 따르면 '폭발적인 디오니소스' 같은 영미 음악을 들여왔다. 이들을 두고 모랭은 '예예족'이라고 불렀다. 영미와 프랑스식의 록 음악은 '새로운 무관심'이란 것을 표현하고 있었는데, 이런 무관심은 역사적인 비극을 겪은 이전 세계와는 완전히 단절된 종류의 것이었다. '안녕, 친구들'이라는 라디오 프로그램이나 공해상 선박에서 송출되던 '라디오 카롤린'을 듣는 것이 당시 청년들이 날마다 기다리던 순간이었다.

사회학자 장피에르 르고프는 "과거 세상이 새로운 세상으로 변하는 중심에 청년이 있다. 이렇게 성년으로 힘들게 이행하는 청년들이 프랑스를 완전히 변화시킨다"고 보았다. 청년들의 상황은 두 가지 점에서 특이했다. 우선 인구학적으로 다른 세대에 비해 절대다수를 차지한다는 점에서 특이했다. 전후에 자식을 낳으려는 욕구가 도처에서 동시에 일어났기 때문이다. 그러나 젊은이들은 학교나 공장 같은 집 밖의 장소에서 서로 만나고 있었다. 이들은 또한 텔레비전으로 교육받은 첫 세대라는 점에서 특이하다. 이런 문화의 혜택을 맛보지 못한 세대와의 단절을 말해주는 "서른 넘은 사람을 믿지 말라"는 것이 반문화

기수의 한 사람인 애비 호프만이 자주 하던 말이었다.

"프랑스 젊은이들은 심심해한다"가 언론인 비앙송 퐁테의 진단이었다. "학생들은 시위하고 움직인다. (…) 그들은 정복을 완수하고 저항하거나 혹은 적어도 부조리에 반대할 감정을 가져야 한다고 느끼고 있었다. 프랑스 대학생들은 낭테르의 소녀들이 남학생의 방에 무사히 접근할 수 있을지를 걱정하고 있다." 이 언론인은 68혁명을 촉발시킨 또다른 일화도 알려준다. 1968년 1월 8일 다니엘 콘벤디트가 낭테르 수영장 개장식에 온 청년체육부장관에게 청년체육부 보고서에 청년의 성에 대한 언급이 없다고 비판했다는 것이 그것이다. 성에 문제가 있으면 수영장에 뛰어들라는 농담으로 장관은 이에 대처했다.

비앙송 퐁테가 꺼낸 이야기는 68혁명 때 제기된 중요한 문제 중 하나였다. 기숙사의 남녀 분리 정책이나 캠퍼스 내의 정치 토론 금지와 같이 지나치게 고리타분한 대학 풍토와 케케묵은 금기가 그것이다. 캠퍼스에서 여학생들은 여전히 블라우스를 입고 있었다. 미국에서 여학생은 오후 5시 이후에는 대학 도서관을 떠나야 했다. 프랑스에서 피임을 인정하는 뉴워스 법은 1967년에 이르러서야 힘들게 상정된다. 배우자의 허락 없이 여성이 은행 계좌를 개설하기 위해서는 1965년까지 기다려야 했다. 프랑스 혁명 이후 200년 동안 여성들은 언제나 배우자의 후견하에서만 자신의 법률 행위를 행할 수 있었다. 다른 많은 사회계층과 마찬가지로 여성들에게 있어 자율성이나 자유라는 개념은 여전히 문서에만 있을 뿐 아무런 의미도 없는 것이었다. 1965~1985년의 변화를 두고 '제2의 프랑스 혁명'이라 부르는 사회학자 앙리 망드라가 보기에 "법과 풍속 사이에는 큰 간극이 있었다". 1970년대에 이르러서야 비로소 낙태 권리를 비롯한 여성 해방이 중요한 이슈로 대두되었다. 역사학자 미셸 페로의 말처럼, 1968년 5월 혁명은 여성과 여성의 염원을 많은 부분 망각하고 있었다.

다른 나라와 견주어 프랑스의 상대적인 특성 중 하나는 청년층과 노동계층이 공동 투쟁에 나섰다는 것이다. 좌파에 대한 공산당의 적대감에도 불구하고 젊은 노동자와 학생들 사이에 만남이 이뤄졌다. 루디빈 방티니의 계산에 의하면, 5월 24일 밤 경찰의 불심검문에 걸린 800명 중 노동자가 95명이었고 조립공에서 조수까지, 기계공에서 냉동기술자까지, 기술자들이 60여 명에 이르렀다.[14] 그들의 나이는 대부분 18세에서 24세 사이였다. 장피에르 르고프는 자신의 청소년기로 돌아가서 한순간 존재했던 이 공동체에 향수 어린 눈길을 보내고 있다. "노동자와 학생의 만남으로 전설을 만드는 것을 중단해야 한다. 경찰 탄압에 대한 연대감은 있었지만 정치적 색채를 띤 학생들과 노조의 만남 이상은 아니었다. 그렇지만 우리에게는 공통점이 있었다. 그들은 전통적인 투사 이미지와는 거리가 먼 젊은 노동자들일 뿐이었다. 그들은 자신이 비하되는 모멸감을 느끼며 쳇바퀴 노동을 하고 있었고, 우리는 오늘날 대학이 비

인간적인 관계를 갖고 있다는 것을 깨우친 젊은 학생들이었다. 사회적 상황과 신분의 차이는 있었지만 우리는 소도시와 시골에서 올라온 새로운 세계의 젊은이였다."[15]

1998년에 나온 르고프의 저작에 의해 완전히 해명된 68혁명에 대한 커다란 오해 중 하나는 학생들이 스스로 정한 자신들의 역할에 관한 것이다.[16] 학생들은 노동운동의 전위대가 될 것을 꿈꾸었지만 현실은 정반대였다. 중산층 학생들 처지를 부러워한 것은 바로 젊은 노동자들이었다. 노동자와 학생의 이런 간극을 크리스티앙 보들로와 로베르 에스타블레도 느꼈다. 이들의 보고에 따르면, 중산층 젊은이들이 부모의 보살핌 속에서 대학이나 그랑 제콜에서 권력층에 진입하는 훈련을 연마하고 있을 때 젊은 노동자들은 공장에서 일하느라 오랫동안 학원을 떠나 있었다. "한쪽은 성년이 되는 것에 대한 초조함을 드러냈고 다른 한쪽은 인류 문화의 맛을 보았다."[17] 사회적으로는 잘 소통되지 않는 두 공간이지만 이들은 각기 고유한 존엄성을 지니고 있었다. 하지만 이런 판도는 학교 민주화로 인해 희미해졌다. 노동 연령에 도달한 많은 젊은이가 사회적 역할에서 배제되면서 공유가 불확실한 지대가 만들어졌다.

학업 기간이 늘어난 것도 이 시대가 맞이한 충격 중 하나였다. 신입생은 사회적 지위 향상을 꿈꾸었지만 실제로 경험한 것은 실망뿐이었다. 학원 민주화 덕분에 대학생은 프롤레타리아의 지위를 갖게 되었다. 상황주의자 인터내셔널에서 1967년에 발간한 「대학생의 열악한 환경」이라는 제목의 글에는 "지금 프랑스 대학생들은 경찰과 사제 다음으로 멸시받는 존재라고 단언할 수 있다"는 말이 나온다.[18] 사회학자 피에르 부르디외에 따르면, 68년 5월에 가장 크게 저항이 일어났던 곳은 학교와 직업 시장의 불일치가 가장 컸던 사회학과와 심리학과라는 것이다. 부르디외는 이어서 "프롤레타리아화한 지식인들은 아주 위험하고도 불행한 사람들"이라고 덧붙인다. 프롤레타리아화한 지식인들은 '중국의 문화대혁명, 중세의 이단주의, 나치 운동이나 심지어는 프랑스 대혁명'과 같은 역사 속 폭력적 사건에서 결정적인 역할을 했다. 부르디외는 "자신에게 주어진 십자가에 언제나 뛰어들 태세가 되어 있는 하급 성직자들의 한恨"에 대해 이야기하고 있다.[19]

미국의 버클리대학이나 컬럼비아대학에서 시작된 학생 저항 운동이 다니엘 콘방디와 알렝 제스마가 전파하러 왔던 런던정 경대학을 비롯한 유럽 전역에 영향을 미쳤다는 사실은 당시 학생운동이 프랑스 대학 시스템에 대한 단순한 저항 이상이었음을 잘 보여주고 있다. 경제적인 면에 국한해서 보더라도 68세대가 학원 민주화의 희생양이었다는 것 또한 사실이 아니다. 사회학자 루이 쇼벨의 저작에 따르면 상황은 정반대였다. 그 후에 나타난 위기를 겪으면서 1980년대에 두 번째 학원 민주화를 경험한 다음 세대들은 커다란 불이익을 경험한 데 비해, 68혁명 당시 20세였던 젊은이들의 경력은 예외적이었다.[20] 에릭 모렝은 68년 대학 신입생에 대한 통계조사를 해봤는데, 당국은 평화 유지를 위해 관대하게, 거의 100퍼센트에 가깝게, 대학생들에게 학위를 수여했다는 것이다. 이들의 경력은 아주 눈부셨다. 약간의 '불순물'이 섞여 있었지만 학위를 통해 이들은 사회적으로 상승할 수 있었던 것이다.

하지만 학생 혁명이 정치 위기로 이어진 것은 프랑스에서만 그러했다. 산업화된 다른 나라들보다 드골의 프랑스는 정치적으로 훨씬 더 취약하다는 사실이 드러났다. 드골은 "공산주의자와 우리 사이에는 아무것도 없다"고 말하곤 했다. 독점 권력에 저항하는 68혁명은 바로 이 '아무것도 없는' 곳에서 솟아올랐다. 정부와 노동계 대표 사이에 조인된 그르넬 협정[21]은 한마디로 역설이었다. 질적 위기의 형태를 띠고 있던 요구를 양적인 요구로 변형시키는 정부를 노조가 도와주고 있다는 점에서 말이다. 그르넬 협정은 최저임금과 노동임금을 인상함으로써, 그때 막 거론되고 있던 '실존'의 문제를 구매 능력으로 환원시키려 했다. 노동총동맹과 퐁피두 수상은 모두 이상에 취한 학생들이 노동자의 마음을 사로잡을까봐 두려워했다. 「원더 공장의 재가동」이라는 당시의 유명한 영화에는, 잔치가 끝나 다시 일하러 나가야 하지만 임금 인상도 단조로운 삶의 고통을 전혀 해소해주지 못한다는 것을 깨달은 한 여인이 절망감에 눈물을 흘리는 장면이 나온다.

2. 마르크스 혹은 프로이트

단 하나의 진영으로 돼 있지 않던 68년 5월 혁명은 '최소한' 두 가지 감수성으로 나뉘어 있었다. 뤼크 볼탕스키와 에브 쉬아펠로가 제안한 분류를 따라서 우리는 이 혁명에서 '예술가적 비판'과 '사회학자적 비판'을 탐지할 수 있을 것이다.[22] 예술가적 비판은 소비사회를 고발하고 사회학자적 비판은 생산 영역을 고발하고 있다. 예술가적 비판은 부르주아 사회의 특히 성적인 것에 관한 위선적 관습에 저항하고 있고, 사회학자적 비판은 작업 현장의 상황과 노동자 착취를 고발하고 있다. 사회학자적 비판은 노동자 계급에 메시아적인 희망을 걸고 있다. 예술가적 비판은, 부가 더 이상 물질적인 것이 아니므로 프롤레타리아가 소용없는 세상의 도래를 바라고 있었다. 이들 사이에는 어떤 공통점이 있었을까?

예술가적 비판은 그의 포스터가 파리의 거리에서 체 게바라의 사진과 같은 역할을 했던 랭보식의 저항이다. 이들은 이기주의와 편의주의에 젖어 있는 부르주아를 비난한다. 이들은 상업사회 지주들의 삶의 양태를 창작 예술가들의 사심 없는 태도로 반박한다. 볼탕스키와 쉬아펠로도 예술가적 비판은 모더니즘과 함께 개인주의를 공유하고 있다고 지적한다. 부르주아의 멍청한 물질주의에 반대했던 스탕달, 플로베르, 보들레르도 파리를 선호하고 지방을 꺼렸는데, 플로베르는 지방을 '멍청이들이 있는 곳'이라고 불렀다. 이런 예술가적 비판을 주도한 것은 사회적 문제에 있어 대립하는 두 경향을 스스로 알고 있던 상황주의자들이었다. '상상력에 권력을'이라는 슬로건으로 오데옹 극장을 점거한 사건은 그들의 무훈담 중 하나였다. 이들의 사상적 지도자였던 기 드보르는 1967년에 나온 기념비적 저서인 『스펙터클의 사회』에서 자본주의는 연극처럼 각기 고정된 역할이 할당된 사회 조직과 같다고 비난한다.[23] 상황주의 인터내셔널은 마침내 '상황주의가 혁명의 마지막 이데올로기'가 될 것을 우려해 자체 해산을 선언한다.

68혁명의 두 번째 측면은 자본주의의 선동을 이해하기 위해 볼탕스키와 쉬아펠로가 제안했던 다른 용어인 '자본주의에 대한 사회학자적 비판'으로 되어 있다. 이들은 마르크스주의의 노동 착취 비판을 받아들이고 계급 없는 사회가 올 것이라고 천명했다. 이들은 또 레닌의 10월 혁명과 마오쩌둥의 문화대혁명에 나오는 어휘들을 열심히 파고들었다. 어떤 학생들은 노동 계급의 위대함을 찬양하면서 공장 현장으로 들어갔다. 파리고 등사범학교에서 루이 알튀세르를 추종하면서 공장 경험을 담 은 유명한 『기성 체계』를 썼던 로베르 린하르트는 "세상의 모 든 배고픈 사람과 어둠 속에서 비바람을 맞고 있는 농민들이 나아가야 할 빛나는 길"을 찾기 위해 나서게 되었다는 이야기 를 딸에게 전해준다. 그의 딸 비르지니 린하르트는 어린 시절 좌파 아버지와 예술가 어머니 사이에서 분열된 채 지내왔던 68 혁명기의 이야기를 감동적으로 들려주고 있다. "부모님은 68혁 명 때 모든 것이 가능하다고 생각했다. 아버지처럼 열아홉 살 때 파리고등사범학교에 입학하고 스물네 살 때 시트로엥 자동 차 회사에 노동자로 들어가서 기성 체계에 편입될 수 있다고 생각했다. (…) 역사의 흐름에 영향을 줄 수 있다고 생각했던 이 시절로부터 아버지는 결코 벗어나지 못했다"고 비르지니는 쓰고 있다. 이 두 비판 세력의 충격적인 만남이야말로 68혁명 의 기적이라 할 수 있는데, 그 덕분에 노동자와 예술가의 입장 에서 자본주의를 거부할 수 있었다.[24]

미국의 사회학자 대니얼 벨은 『자본주의의 문화적 모순』에 서 자본주의에 대해 분석하기를, 질서와 포기라는 이상이 지 배하는 생산 영역과 매력적인 글래머라는 섹스 이미지를 제공 하는 마케팅과 광고로 되어 있는 쾌락주의적인 소비 영역 사이 의 영구적인 긴장이라고 한다.[25] 생산은 복종을 부추기고 소비

제1부 떠나다, 돌아오다

는 향유를 부추긴다는 것이다. 그러다가 이 둘이 더 이상 공존하지 못하는 순간이 온다. 벨은 이런 '문화적 모순'은 도덕적 질서와 그 사회 스스로가 부추긴 경제적 무질서를 화해시키려는 부르주아 사회 내부의 모순에서 나온 것으로 본다.[26] 이런 모순이 마르크스가 주장했던 경제적 모순을 대신하고 있다. 마르크스로서는 부르주아가 부유해지기 위해서는 사실 프롤레타리아가 계속 가난해야 한다. 자본주의가 약속한 번영에 도달하려면 이런 모순에서 벗어나야 한다. 그런데 '문제'는 자본주의에 노동자를 부유하게 해주는 능력이 있다는 것을 '영광의 30년'[27]이 보여주었다는 것이다. 본격적으로 진행된 소비사회에서 가난한 프롤레타리아라는 주장은 설득력을 잃어간다.

하지만 벨의 분석과는 달리, 예술가적 비판 입장에서는 사람을 바보로 만드는 소비사회의 멍청함이 자유와 향유에 대한 요구 이상으로 견딜 수 없는 것이었다. 문화적 해방이라는 생각은 하나의 미끼였고, 반복적으로 되풀이되는 쳇바퀴 노동은 소비의 다른 얼굴이었다. 벨의 설명처럼, 엄격한 의미에서 말하면 산업사회로 인한 비인간화가 노동자의 빈곤화보다 더 많은 비난을 받았다. 테일러주의 같은 산업사회의 표준화를 거부한다는 점에서 예술가적 비판과 사회학자적 비판은 일치했다.

에로스와 문명
<!-- ◇◇◇◇◇◇◇◇◇◇◇◇◇◇◇◇◇ -->

지식인들은 곧 욕망과 쾌락에 대한 새로운 생각을 보완해 마르크스주의를 재고할 필요가 있음을 느꼈다. 벵상 데콩브는 '프로이트로 마르크스를 보완해야 했다'라며 이런 분위기를 정리하고 있다.

미국에 정착한 프랑크푸르트학파 사회학자인 헤르베르트 마르쿠제의 『일차원적 인간』이나 『에로스와 문명』은 프로이트의 제자였던 빌헬름 라이히의 『성혁명』처럼 이런 역할을 잘 수행하고 있었다. 라이히는 성적 억압이 혁명 투쟁을 막는다고 생각했고, 마르쿠제는 모든 문명은 '본능적 욕구'를 억압할 수밖에 없다는 프로이트에게서 나온 생각은 오래되고 낡은 것이라 여겼다. '이성과 본능'을 화해시킬 수 있으면 억압 없는 문명도 가능하다는 것이 마르쿠제의 생각이었다.

사회적 효용을 위해 성적 욕망과 리비도를 희생하는 것이 문명의 토대라는 프로이트의 이론이 마르쿠제의 출발점이었다. 현실 원칙의 승리는 개인이 스스로 자신의 행위를 자제하는 초자아의 발달로 정신세계를 변형시킨다. 쾌락 원칙과 현실 원칙은 필연적으로 공존할 수 없는 것일까? 우선 마르쿠제는 충동을 억제하고 생물학적 욕구를 문화적으로 형성된 욕망으로 전환하는 능력은 인간의 만족을 감소시키기보다는 증가시킨다고 지적한다. 이 같은 암묵적 공모는 프로이트가 충동이 일어나는 곳이라고 명명한 이드와 초자아라는 정신계의 원수지간인 두 형제를 한데 묶어주는데, 욕망의 승화가 항상 억압적인 것은 아니다.

마르쿠제는 이어서 현실 원칙의 승리를 보장해주는 강력한 원동력의 하나가 결핍이라고 주장한다. "일하지 않고 살 수 있는 충분한 수단을 갖고 있지 않기에 사회는 사람들의 에너지를 성적 활동에서 일로 돌릴 수밖에 없다." 분업의 발달로 "사람들은 더 이상 자신의 삶을 살지 못하고 미리 설정된 기능만 수행한다. '생산성 원칙'의 지배 아래 인간의 육체와 정신은 인간성을 잃은 노동의 도구로 변했다." 마르쿠제에 따르면 '자유 시간'도 생산성 논리에 지배되는데, '휴가는 미래의 노동을 위한 에너지의 재충전'이라는 말이 그것이다.

생산성 원칙은 그러나 꼭 필연적인 것이 아니다. 물질적 풍요로 나타나는 노동 시간의 양적 감소는 인간 삶의 질적 변화로 이어질 수 있다. 여기서 마르쿠제는 예술가들의 비판과 똑같은 목표를 향하고 있다. 풍요로움 속에서도 빈곤과 결핍이라는 환상을 여전히 심어주는 것이 바로 광고로 이뤄진 소비사회라는 것이다. 자본주의에서 벗어나게 되면 "억압적 이성은 사라지고 그 자리에 이성과 행복이 만나는 새로운 만족의 합리성이 자리 잡게 될 것이다." 이렇게 되면 '욕망할 만한 것과 합리적인 것, 그리고 본능과 이성의 관계'에 변화가 일어날 수 있을 것이다. 자본주의의 '억압적인 강요'가 사라지고 대신에 '억압하지

않는 승화'가 자리 잡을 것이다. 마르쿠제에 따르면 물질적 풍
요는 부르주아 사회의 토대인 억압을 사라지게 할 것이다.[28]

프랑스의 이론

　　　마르쿠제와 라이히가 제시한 '성적 억압'과 '경제
의 지배'라는 주제는 68혁명의 지적 토대의 대부분을 차지하
고 있었다. 당시 지성계의 역설은, 이런 생각들이 당시 프랑스
지성계에는 너무 순진한 것으로 받아들여지고 있었다는 것이
다. 뱅상 데콩브가 『같은 것과 다른 것』에서 설명하듯이, 당시
유행하던 '프로이트-마르크스주의'의 근원인 성적 억압과 사회
적 억압의 동일시가 18세기의 '자연과 야만은 좋고 사회는 나
쁘다'는 멍청한 메아리처럼 울려 퍼졌다. 당시 지식인의 역설은
반체제에 영향을 주던 것으로 알려진 위대한 사상가들조차 실
상 이런 사건의 영향력을 믿고 있지 않았다는 것이다.
　'프로이트학파'의 설립자로 당시 사상계 거두의 한 사람이
던 자크 라캉은 68혁명의 낭만성을 전혀 너그럽게 받아들이지
않았다. 뱅센대학의 신입생들에게 라캉은 이렇게 쏘아붙였다.
"나는 반진보주의자다. 혁명가인 너희가 열망하는 것은 실은
대가大家인데, 곧 나타날 것이다." 라캉에 따르면 "욕망의 원동
력은 불가능성에 있다. 그래서 욕망의 만족은 꿈에서만 이뤄진

다." 실제로 사회는 금기를 만들어내, 만족이 불가능한 이유는 다른 데서 온다고 믿게 하면서 개인들을 진정시킨다. 라캉이 전개하는 역설을 데콩브의 설명을 통해 살펴보자. 배고픈 아기에게 어머니가 젖을 먹일 때 아기의 욕구 이상으로 먹인다. 말하자면 어머니는 아기에게 사랑의 증표를 제시한다. 이런 관계 속에서 '어쩔 수 없이' 결핍과 불충분이 생겨난다. 어머니는 배고픔과 갈증을 진정시킬 수 있지만 어떤 선물도 사랑을 입증하지 못한다.[29] 사랑의 요구는 끝이 없고 쌍방 모두 무한한 것이다. 여기서 생겨나는 간격을 해소해줄 절대적인 욕망의 대상이라는 신기루가 생겨난다. 하지만 이런 대상은 신화일 뿐이다. 어떠한 '성적 해방'도 이를 해결할 수 없다. 대단한 것을 가진 타인의 욕망에 대한 욕망은 영원히 멈출 수 없다.[30]

라캉은 구조주의학파로 평가받는 프랑스 지식인 중 한 사람이다. 언어학에서 영감을 받은 구조주의 방법론은 사르트르의 실존주의와 마르크스의 유물론과는 독자적으로 사회를 완전히 새롭게 분석해냈다. 구조주의의 대표적인 사상가 중 한 사람이 클로드 레비스트로스다. 언어학에서 영감을 받은 레비스트로스는 사회의 기능에 대한 새로운 해석을 내놓는다. 레비스트로스는 "언어학을 통해 우리는 우리 의식과 의지 바깥에 있는 존재와 만나게 되었다. 언어는 인간이 모르고 있는 인간의 근원이다"라고 쓰고 있다.

레비스트로스가 생각하는, 우리도 모르게 우리 사회를 유지하는 것은 무엇일까? 레비스트로스의 대답은 신화다. 개인 차원에서 언어가 작용하는 것처럼 개인이 공동체에 통합될 수 있는 것은 사회 차원에서 작용하는 신화 덕분이라는 것이다. 한 환자가 신체적으로 정말 참을 수 없는 엉뚱한 고통에 시달릴 때 "개인적 경험과 공동체 이야기 사이의 불일치를 해소하는 것이 주술사의 역할이다. 신화에 호소함으로써 주술사는 모든 것을 제대로 되돌려놓게 된다." 데콩브의 정리처럼, "우리 삶의 거친 면을 길들이고 상이한 것을 동화시키며 엉뚱한 것에 의미를 부여하고 몰상식한 것을 합리화하는 것, 요컨대 다른 것을 같은 언어로 번역하는 것이야말로 신화와 이데올로기가 수행하는 작업이다".

그렇다면 오늘날 이 사회가 기초해 있는 서구 신화로는 어떤 것이 있을까? 레비스트로스의 대답은 바로 역사다. 대단한 의미를 띠고 있는 역사는 더 나은 미래를 위해 기능한다는, 그게 아니더라도 최소한 역사는 논리를 따른다는 생각을 유포시키고 있다. 사르트르를 비판하는 유명한 『야만적 사고』의 한 장에서 레비스트로스는 원시인들이 영원한 과거를 믿는 것처럼 현대인은 역사와 진보라는 생각을 믿고 있다고 설명한다. 그는 "사르트르에게 있어 역사는 신화와 똑같은 역할을 하고 있다"고 설명한다. 그는 이어서 이렇게 주장한다. "역사와 인류의 개념을 동일시하는 것은 피해야 한다. 사람들이 집단적으로 자유라는 환상을 갖는 것은 각 개인의 정체성에 대한 의식이 부족해서가 아니다."[31]

구조주의자들은 마르크스의 재해석을 제안하는 글에서 루이 알튀세르가 한 말인 '이론적 반인도주의'를 인용하여 주장한다. 레비스트로스, 푸코, 알튀세르, 라캉에게 있어 인간은 자기 행위의 주체가 아니라 자신을 결정짓는 구조의 산물일 뿐이다. 푸코는 개인을 일컬어 "사회 이데올로기적 표현의 가상의 원자"로 규정한다. 산업사회의 끝에 가면 억압 없는 세상의 해방이 있을 것이라고 보았던 마르쿠제의 낙관론과는 달리 프랑스 구조주의자들은 구원의 역사라는 서구 신화의 마지막 아바타만 보고 있었다.

사르트르의 복수

코르넬리우스 카스토리아디스의 지적처럼, 구조주의 사상은 '인류는 자신이 만들어낸 것에 대해 속수무책'이라는 가정에서 출발했다. 인간을 옥죄는 '구조'라는 이 개념은 산업사회 자체와 테일러주의가 강요했던 엄격한 분업체계를 강하게 연상시킨다. 그것이 사라질 수 있다는 것은 당시에는, 뛰어난 사람들조차 상상도 못 해본 것이었다. 68세대에 대한 비르진 린하르트의 질문에 대해 건축학자 롤랑 카스트로는 이렇게 대답한다. "그들은 마르크스주의에 대한 과학적 열정을 갖고 있었지만 68혁명 때 나타난 개인을 제대로 포착해내지 못했다. 그들은 68혁명과 관련이 없는 생각에 매료되어 있었는데 그것은 개인이 아니었다."

68혁명은 레비스트로스와 푸코의 지적 승리보다는 자유 철학과 사르트르의 복수를 더 많이 드러냈다. 세르주 오디에의 말처럼, "68혁명에는 예상치 못한 즉흥적 내용이 많았으며 레비스트로스에 대한 사르트르의 복수 기회도 충분히 나타날 수 있었다".

사르트르의 분석은 68세대의 요구에 딱 들어맞았다. '소비사회가 낳은 개인의 고독과 단절 그리고 소외'는 혁명 그룹으로 하여금 이런 연속성을 무너뜨릴 수 있는 길을 보게 한 사르트르 분석의 핵심이었다. 레비스트로스, 바르트, 푸코의 저작들보다 고다르의 영화가 68세대의 분위기를 더 잘 감지하고 있었다. 에드가 모랭, 클로드 르포르, 코르넬리우스 카스토리아디스처럼 68혁명에 대해 호의적인 해설자들은 68혁명이 주장하던 "자율성과 직접민주주의라는 이상"을 그때까지 구조적으로 남아 있던 "관료적 독재주의와 봉건주의"에 대한 비판으로 해석하고 있다.

1970년대에 들어서면서부터 산업사회의 소외 문제에 대한 철학 논쟁은 훨씬 더 불안한 형태로 계속된다. 이리하여 지성계와 정치계의 오랜 방랑이 시작된다. 후기산업사회라고 우리가 잘못 부르게 될 이 사회는 카스토리아디스의 표현대로 새로운 '사회적 상상력'을 만들어내야 할 필요성이 있었다. 이 상상력을 고안하기 위해 68혁명이 낳은 어휘들 속에서 수많은 신화가 탄생한다. 그런데 여기서 재사용되는 것은 사실들이 아니라 말들일 것이다.

2장

잃어버린 환상 1

68혁명은 역설적인 시대를 보여준다. 위기의 조짐은 컸지만 사람들은 물질사회를 벗어난 새로운 사회가 곧 도래할 것으로 여겼다. 말하자면 '홀쭉한 젖소들이 기름진 젖소를 준비하고' 있는 셈이었다. 몇 가지 불안한 조짐에도 불구하고 68혁명 후 5년 동안은 연 5퍼센트 이상의 높은 성장률 혜택을 계속 누렸다. 1973년 프랑스 경제는 6퍼센트라는 놀라운 성장률을 기록했는데, 이것이 마지막 호황이었다. 1970년대 중반부터 선진국들은 쓰디쓴 실망을 겪게 된다. 폴 크루그먼의 『희망을 잃은 시대』는 이 시대를 규정한 책 제목이다. 이미 과도할 정도로 달성된 것 같던 물질적 풍요는 돌연 불확실한 것이 되었다.[1] 프루스트의 알베르틴[2]처럼 영광의 30년의 눈부신 성장은 사라지고 있지만 어떻게 되살릴지는 아무도 알 수 없었다.

1973년 10월, 이집트와 이스라엘의 욤키푸르 전쟁으로 석유수출국기구OPEC가 생산 감축을 결정하자 유가는 급등한다. 갑자기 선진국의 경제성장이 무너지면서 더 이상 예전 수준을 회복하지 못한다. 오일쇼크가 실은 더 깊은 파멸을 감추고 있었다는 사실이 알려진 것은 시간이 얼마 지난 뒤였다. 전후의 눈부신 성장기는 오늘날의 중국처럼 유럽이 미국을 따라잡던 시기였다. 유럽인의 생활수준이 미국인의 생활 수준에 가까워질수록 성장은 조만간 멈출 수밖에 없었다. 하지만 당시 이런 사실을 예측한 경제학자는 거의 없었다. 대량생산을 기반으로 한 예전의 성장 체제에서 나온 생산성 향상은 미국에서도 한계에 다다르고 있었다. 노동자들에게 "일을 하면 당신도 성장할 것이다"라고 말하는 것으로 이뤄진 포디즘에서 나온 모든 논리는 정체되어 있었다. 경제학자 로버트 고든의 분석처럼, 전기 보급과 내연기관의 확산과 함께 나타났던 성장 동력도 끝나간다는 명백한 사실을 인정해야 할 것이다.[3]

갤브레이스의 『풍요로운 사회』에 나오는 표현을 빌려서 말하자면, 영광의 30년은 생산 증가가 분배를 대신한 시기라 할 수 있다. 노동조합은 지배보다는 시스템 조절 기구에 가까웠다. 경제 위기와 함께 노동자의 보루나 막강한 노동조합 권력 같은 것이 차례로 무너지기 시작하면서, 노동계급은 괴멸하고 있었다. 1970년대 말과 1980년대로 접어들면서 노동자들의 상징이었던 비양쿠르 세갱섬의 르노 자동차 회사와 로렌 지방의 제철소 및 북부 지역의 탄광들이 문을 닫았다. 유럽과 미국에서 산업으로 융성했던 지방 전체가 사라졌다. 한때 섬유와 석탄 산업으로 번성했던 프랑스 북부 지방은 탈공업화로 인해 피를 흘릴 수밖에 없었다. 미국에서는 제너럴모터스의 로저 스미스라는 사장 이름에서 연유한 마이클 무어 감독의 영화「로저와 나」는 자동차 산업의 쇠퇴로 황폐화된 미시간, 플린트 같은 노동자 도시의 초상화가 되었다. 이런 도시에는 노동자의 일자리는 하나도 생겨나지 않고 늘어난 일자리는 교도소의 교도관 자리뿐이었다.

탈공업화는 여러 요소가 섞여 있는 복합적인 현상이다. 말하자면 공업은 자기 성공의 희생물이라 할 수 있다. 예전의 농업처럼 자신이 만들어낸 생산 이익은 마침내 그 자체를 무용한 것으로 만들어버렸다. 제조 비용을 절감한 기업은 처음에는 이익을 보았다. 자동차나 전자시계가 저렴해지자 누구나 구매할 수 있게 되었다. 이런 추세는 수요를 창출하고 생산을 유지하게 해주었다. 하지만 사람들이 100퍼센트 가까이 자동차를 소유하면 높은 생산성으로 인해 재고용이 필요하지 않게 된다. 가격 하락도 수요를 자극하지만 생산성 상승 때보다 더 빠르게 성장하지는 않는다. 리오넬 퐁타네와 에르베 부롱의 연구에 따르면 프랑스에서 이런 과정이 고용에 부정적으로 작용하기 시작한 것은 1960년대부터였다.[4] 이 지점을 지나자 기업은 생산성이 높아질수록 인력을 감축했다. 가격 효과로 수요는 유지할 수 있지만 인력을 유지하는 데는 충분하지 못했던 것이다. 로손과 래머스워미는 미국에서도 똑같은 결과가 나타나는 것을 보여준다.[5]

산업이 쇠퇴하자 거기에 맞춰져 있던 사회도 쇠퇴하기 시작한다. 산업과 함께 기업 지도자와 엔지니어와 중견 간부를 거쳐서 현장의 노동자를 연결하던 견고하고도 연대감 있던 회사 조직도 사라진다. 전기와 내연기관이 제공해준 이점을 모두 소진한 자본주의는 이제 새로운 것을 만들어내야 한다. 엄청난 불확실성의 시대가 열리면서 임금 인상의 약속은 해고와 실업의 위협으로 바뀌고 회초리가 당근을 대체하게 된다.

프롤레타리아여 안녕

◇◇◇◇◇◇◇◇◇◇◇◇◇◇◇◇◇◇◇◇◇◇◇◇◇◇◇◇

68혁명의 사회학자적 비판이 세계 변혁의 첫머리에 두었던 노동계급에 대한 희망은 산업의 쇠퇴로 인해 종말을 고하게 된다. 프랑스에서 1981년 프랑수아 미테랑의 대통령 당선은 당시 노동운동의 중심이던 노동총동맹의 사무총장 조르주 세귀의 "철강 공업이 국유화되면 노동자들이 공무원처럼 보호받을 것이기에 더 이상 일자리 걱정은 없을 것이다"와 같은 소박한 생각으로부터 도움을 받았다. 하지만 그런 선의의 의지보다 더 강력한 경제적 요인이 있었다. 좌파가 정권을 잡으면 일자리 감축을 막고 산업 위기를 잘 관리해주리라는 믿음이 그것이었다. 철강 산업을 보호하겠다는 노조와의 약속에도 불구하고 대통령이 된 미테랑은 이 약속을 파기할 수밖에 없었다. 노동계급에 대한 프랑스 좌파의 고민의 출발점은 바로 이 결정적인 순간으로 거슬러 올라간다.

지성계에서는 환경론자의 부상과 함께 노동계급의 영향력도 미미해진다. 반물질주의 세계를 열망하는 예술가적 비판과 노동운동의 우선권을 주장하는 사회학자적 비판 사이의 모순은 가히 특허감이라 할 수 있다. 1980년부터 정치생태학 이론가인 앙드레 고르스는 "다른 합리성으로 자본주의를 부정하고 전복한 것은 결코 프롤레타리아에게서 나오지 않았다. 산업 위기가 신세계를 예고하는 것도 아니다. 거기에는 어떠한 전복도 명기되어 있지 않다"며 『프롤레타리아여 안녕』에서 과거의 오해를 신랄하게 비난한다.[6]

고르스는 소외된 프롤레타리아들에게 혁명의 힘이 있다는 마르크스의 주장을 비판한다. 실제로 마르크스는 "모든 것이 박탈된 노동자의 힘은 세상과 역사의 원천처럼 보인다"고 말했다.[7] 마르크스는 노동자와 장인의 상황을 대조한다. 생산한 제품을 판매하는 장인의 경우, 가격과 수량은 자신의 통제를 벗어나서 완전히 시장에 의해 결정되기에 장인은 완전히 소외되어 있다. 하지만 가령 신발이라는 제품을 만들고 있을 때 장인은 제품 제작의 주체이기에 자유로울 수 있다. 공장 노동자와 달리 장인이 보편적인 의미를 얻지 못하는 것은 바로 이처럼 제한되고 한정된 자율권 때문이라는 것이 마르크스의 생각이다. 고르스는 "노동운동 이데올로기는 자본주의가 시작한 프롤레타리아의 자치 능력 파괴 작업을 지속하고 필요한 경우에는 이를 완수한다. 자본에 의한 노동자 부정에 대한 부정은 어떠한 긍정도 만들어내지 못한다"고 결론 내린다.

고르스에 따르면 자본주의의 발전은 다른 합리적인 대안의 발전을 준비하지 않았다. 자본주의는 사람의 '진정한' 욕망에 대해 숙고하거나 욕망을 만족시키는 방법을 논의하면서 더 나은 삶의 선택지를 찾아보려는 능력 자체를 단념했다. 고르스는 이렇게 결론 내리고 있다. "우리는 공동체를 이루고 살아가는, 그리고 소비하고 생산하고 협력하는 새로운 방법에 대해 사회적 실험을 할 필요가 있다. 대안으로 생각할 수 있는 시스템은 국내 경제와 자급자족 마을로 되돌아가는 것도 아니고 모든 것이 계획에 따라 행해지는 완전한 사회화도 아니다. 이와는 달리, 우리가 생각하는 대안 시스템은 개인의 의사와는 무관하게 각 개인의 삶에서 반드시 해야 할 일은 최소화하고 자율적인 활동은 최대화하는 것이 될 것이다." 이것이 바로 공동생활을 경험한 사람들이 혁명을 기다리지 않고 진정한 사회를 만들어내려고 했던 것이다. 이들이 느꼈던 환멸은 스스로의 꿈을 실현하려고 공장으로 들어갔던 학생들이 느꼈던 환멸보다 결코 작지 않을 것이다.

1. 행복 추구

1971년 4월 『리베라시옹』에는 "도시와도 긴밀한 관계를 유지하면서 이웃과도 밀접하고 진정한 관계를 유지하며 함께 생활하자. 농사를 지으면서 자기가 원하는 것을 실천하자. 완전한 성적 자유를 누리면서 일상에서부터 소외와 위선과 고립과 불행에서 벗어나자. 이 사회의 토대에 이의를 제기하고 집단 책임을 느끼면서 아이들에게는 강요하지 않는 교육을 행하자"라는 안내문이 실려 있다. 아주 날카롭게 쓴『공동체 유토피아』라는 책에서 이 안내문을 인용하는 베르나르 라크루아는 "그들은 무엇보다 자신들이 원하지 않는 것을 알고 있었는데, 직업으로든 지지자로든 어떤 조직에 편성되는 것을 싫어했다"[8]고 전한다. 그들은 사회가 제시하는 기존 삶과는 다른 삶을 살기로 결심했다. 라크루아는 '항상 대면하는 남녀가 뒤섞인 집단적 삶의 위험'을 거론한 사람이 없었다고 전하면서 어느 누구도 감히 그들을 비난하지 못했다고 덧붙인다.

로제폴 드루아와 앙투안 칼리엥이 쓰고 있듯이, "68년 5월은 그들로 하여금 다른 것을 원하게 만들었고, 그 실패는 분명히 그들을 실망시켰다. 공동체는 그들의 유일한 희망이 되었다".[9] 주로 베트남 전쟁에 대한 반전운동에서 나온 미국의 히피운동은 반전운동과 같은 이정을 겪는다. 사회의 변방에서 참된 삶을 살아가던 많은 젊은이는 꽉 막힌 세상에 대한 뼈저린 경험을 한다. 프롤레타리아 좌파 지도자 중 한 사람이었던 베니 레비의 딸 르네 레비는 비르진 린하르트에게 이런 속내를 털어놓는다. "어른들이 보여주는 알몸의 광경을 어쩌다 지켜보는 것은 아이에게는 견디기 힘든 일이었다. 저에게 당시의 공동체는 좋은 추억이라기보다 내 불안의 첫 추억들이다."

행복을 향한 길에 몇 가지 장애가 나타나게 된다. 우선 경제적 자급자족은 달성하기 힘든 이상으로 밝혀졌다. 공구와 자동차도 사고 전기세도 낼 수 있어야 했다. 여러 가능성이 있지만 특히 구성원들이 가진 화폐의 전부나 일부를 공동 관리할 필요가 있었다. 어떤 이들이 공동체 외부에서 일을 할 때 다른 이들은 집수리 같은 집안일이나 식사 준비 같은 집단 작업을 통해 그들만큼 일을 해서 공동체의 '자본' 유지에 기여해야 한다.

이처럼 중요한 문제 제기에 사랑도 예외가 아니었다. 라쿠루아가 거론한 어떤 사람은 "우리는 부부관계나 아이와 어른의 관계를 깨뜨리길 결코 원하지 않았다. 간단히 말해 우리는 단지 부부와 가족에 대한 권위주의적이고 억압적인 부르주아적 생각을 깨뜨리고 싶었다"고 말한다. 하지만 한 동성애자의 말처럼 "실제로 남자와 여자와 아이의 관계를 나타내는 공식은 그렇게 다양하지 않다."[10] 자유연애와 독점적 사랑 중에서 선택을 해야 했다. 많은 사람에게 이것은 간단한 문제가 아니었다. 이본이 피에로와 네 시간을 함께 보냈을 때 마르크는 고통을 느꼈다. 이를 라쿠루아는 "마르크의 충격은 견디기 힘들었다. 10년 전에 이본과 그는 결혼하여 서로에게 충실했다"고 전한다. 이본은 "마르크가 정말 상처를 받았어요. 그 사람만큼 착한 사람도 없지만, 타인과의 관계가 한결같을 수는 없잖아요"라고 말했다. 합법적 부부는 공동체 내에서도 그대로 유지되지만 가끔 집단 섹스도 행해지는 등 부부 형태는 양극단 사이를 오갔다. 아이들도 생물학적 부모에 의해 교육되거나 혹은 진짜 집단적으로 교육되거나 하는 식의 대안 교육이 행해졌다.

68세대 공동체는 두 가지 상반된 형태를 경험한다. 한편으로는 공동체 외부에서 직장생활을 하면서 전통적인 부부 관계를 유지하는 '느슨한' 공동체 모델이 있는데, 이때 공동체는 공동생활의 사회적 틀을 제공해주는 것으로 역할이 축소된다. 다른 한편으로는 '공산주의' 모델이 있는데, 경제적 자급자족과 아이들 교육의 사회화가 전면적으로 실현되고 성性도 집단적인 것이 된다. 무엇을 선택하든 여름날의 뜨거운 열정은 얼마 지나지 않아 겨울날의 싸늘한 실망을 남기는 법이다. "단호한 단념과 큰 꿈으로 두 발로 길을 나서라. 매일 출근이라는 제약도 없이 도시에서 멀리 떨어져 태양 아래서 좋은 사람들과 함께 멋진 삶을 살 수 있다." 그중 한 사람은 1971년 7월 26일자 일기에 이렇게 적고 있다. "어젯밤 파티의 음악이나 행동이나 사랑의 강렬함은 지금까지 경험했던 모든 것을 뛰어넘었다." 그런데 같은 일기의 1972년 1월 19일자의 어조는 완전히 다르다. "너무 춥다……. 더 이상 나아갈 수가 없구나! 수도승의 삶을 살고 싶은 게 아닌데……. 짐승들과 뒤엉킨 이곳에 뿌리내리기 싫다. 바깥세상의 속임수가 가득 찬 이곳을 떠나고 싶다." 어느 순간부터는 "사람들이 서로를 너무 잘 알아서 모든 게 견디기 힘들다". 그 후에는 분쟁과 난투극만 뒤따른다. "출구가 없다. 나로서는 진퇴양난이다." 로제폴과 앙투안 갈리엥이 조사했던 어떤 사람의 고백이다.

처음에는 혼탁한 세상을 떠나 새로운 공동체의 삶을 사는 것으로 시작했지만, 살기 힘든 공동체를 떠나는 것으로 끝이 났다. 68세대 공동체의 좌절은 아득한 옛날부터 존재하던 마을 공동체나 성직자 공동체의 성공과 어떤 차이가 있을까? 마을 공동체와 68세대의 공동체는 실제로 모든 면에서 다르다. 우선은 과거와 전통과 관습에서 다르다. 어릴 때부터 다른 것은 전혀 경험하지 못했던 사람들은 집단적으로 보았던 경험을

제1부 떠나다, 돌아오다

그대로 받아들인다. 그러나 68세대 공동체 구성원들에게 있어 공동체는 하나의 선택일 뿐이다. "68세대 공동체는 인위적으로 만든 것이기에 기존 마을에는 있는 핵심 요소인 사회적 관계를 형성하는 지속성이 결여되어 있었다."

수도원은 거기서 태어나지 않았더라도 그 이상에 따라 살 수 있다는 것을 보여준다. 그들의 비결은 무엇일까? 이런 공동체도 68혁명 공동체처럼 열려 있지만, 가입을 원하는 청년들은 먼저 자신의 소명을 보여줘야 한다. 마을에서는 상규를 벗어난 사람을 사후에 제재하는 반면 수도원은 신청자를 엄격하게 선발한다. 라크루아는 "공동체는 실제로 효과적인 수단이 없는 불안정한 집단이다"라고 분석한다. 68세대의 공동체는 가입도 탈퇴도 열려 있었다. 회원들은 공동체를 탈퇴할 자유가 있다는 것을 알고 있었다.

꿈의 아이들
◇◇◇◇◇◇◇◇◇◇◇◇◇◇◇◇

키부츠는 이상에 따라 형성된 공동체 삶의 다른 사례를 보여주고 있다. 러시아 제국을 피해 1904년에서 1914년 사이에 팔레스타인에 도착한 첫 이주자들은 게토를 벗어나 존엄을 가진 '새로운 유대인'이라는 새로운 인간형을 만들려는 꿈을 갖고 있었다. 톨스토이와 그가 주장하던 시골 삶의 장점을 믿고 있던 아론 데이비드 고든도 이들 선구자 중 한 사람이었다. 이런 모험에 대해 정신분석학자 브뤼노 베틀하임은 『꿈의 아이들』이라는 제목의 책을 썼는데, 이 책은 그들의 경제적, 정신적인 원천을 잘 보여주고 있다.

경제적 영역에서 키부츠의 혁명은 급진적이었다. 모든 것은 공동체에 귀속되었다. 키부츠에 들어오는 사람은 자신의 소유를 모두 내놓는데 키부츠를 떠날 때 되돌려받을 수가 없었다. 구성원을 적으로부터 지켜주는 집단이라는 사실에서 키부츠의 명성이 나온다. "키부츠는 시온주의 투쟁의 상징인 망루와 성채로 되어 있는 진짜 방어 요새가 된다." 은밀하게 들어온 사람도 자신을 감추기가 어려웠다. 선구자들이 생각한 이상적인 삶의 모습은 또한 전통적인 삶에 대한 반응이기도 했다. "공동 식당은 유대인 가족 구조에 대한 반항의 표현이다. 게토에서의 가족 식사는 종교적 성사와 같았다. 아버지는 식탁 끝에 앉아서 축복을 선포하고, 어머니는 세심한 식사 준비에 시간을 보내고, 식탁에 둘러앉은 아이들은 유대인 전통이 지속되는 것을 절감했다." 키부츠는 여성들에게 어린 시절부터 각인되어왔던 유대인 엄마의 역할이라는 전통에서 벗어날 기회를 제공해주었다.[11]

그러나 시간은 흘러가는 것이고 키부츠에서도 마찬가지였다. 일단 독립 전쟁에서 승리하자 역경에서 생겨났던 개척자들의 '초자아'는 희미해졌다. 게토식의 삶에서 벗어나고 싶은 욕망이 해소되자 공동체 생활의 모델도 희미해졌다. 모든 삶을 개인적인 것으로 만드는 텔레비전은 또한 키부츠의 공통 영역도 잠식해 들어갔다. 3년의 군복무를 마친 젊은이들은 종종 해외로 떠났지만 항상 돌아오는 것은 아니었다. 부모가 아니라 키부츠가, 아주 비싼 고등 교육 비용을 제공한다는 결정은 그들에게 더욱 좌절감을 안겨주었다.

키부츠는 구성원들에게 능력에 따른 보수를 지급하고 급식을 비롯한 공동체 비용을 각자 지불하게 하는 등 점차 민영화되기 시작했다. 현재 '전통적'인 키부츠는 60여 개만 남아 있다. 다른 키부츠들은 도시 외곽의 레지던스 숙소로 변해 있다. 아이들이 부모 집에 살고 급식도 유료로 변하면서 사유재산이 다시 등장했다. 조산원을 나온 어머니가 아기를 돌볼 수 있는 어린이집은 1980년대 말에 대부분 사라진다. 북아프리카 이주민들의 지지를 받고 있던 베긴 정부는 점령지인 서안 지역에 재정 지원을 강화하기 위해 주민들을 '수영장을 가진 백만장자'라고 규정하고 보조금도 삭감한다. 또한 비극적이고 아이러니하게도 어떤 키부츠는 주식시장을 통해 어려움을 해결하려는 순진한 희망에 속은 일부 지도자의 재정 투기로 인해 알거지 상태가 되는 등 경제와 도덕의 쇠퇴가 가속화된다.

좌절의 연속

◇◇◇◇◇◇◇◇◇◇◇◇◇◇

이런 경험을 통해서 결국 마을 공동체라는 성경의 순박함에 기초한 세상에 대한 히피들의 환상이 그 한계를 드러냈다. 우선 경제 문제는 예상보다 훨씬 더 복잡했다. 농부가 되려면 일단 투자와 물자도 필요하고 시장에 의지할 수밖에 없어 경제적 자급자족은 불가능해진다. 자주 행해지는 해결책은 공동체 구성원을 바깥으로, 특히 개발도상국가로 보내는 것인데, 이 해결책에는 그 구성원이 되돌아오지 않을 수도 있다는 위험성이 있다. 또 이런 한계와는 다른 문화적인 한계도 있다. 오늘날 사람들은 가만있지 못한다. 현대인들은 가정, 공장, 술집 등에서 제각기 다른 여러 역할을 행한다. 한마디로 현대인은 삶의 유한함에서 벗어나 동시에 여러 삶을 살려고 노력한다. 과거의 공동체가 구성원들에게 배정해주던 한정된 공간이 다양한 삶을 위태롭게 할 위험이 있었다. 미국의 사회학자 어빙 고프먼에 따르면 "사람들이 다른 장소, 다른 파트너, 다른 환경에서 잠자고 휴식하고 일하는 것이 현대사회의 근본적 특성이다. 그런데 이 다양성은 전체 차원에서 나오는 것이 아니다." 사정이 이러하기에 키부츠 같은 공동체에 갇혀 지내는 것은 현대인의 다양한 역할의 가능성을 차단해버린다. 사회적으로 자신을 감출 수 있는 공간과 메커니즘이 없는 것은 부담스러운 게 된다. 베르나르 라크루와의 결론처럼, "인위적인 공동체는 무엇보다

제1부 떠나다, 돌아오다

먼저 겉으로만 친숙한 새로운 관계 형성 과정에서 필연적으로 강제된 억지 열정과 과시가 나타나는 문제를 낳는다."

영화와 텔레비전을 접한 청년들에게 한계가 분명한 공동체 삶은 견디기 힘든 것이다. 전통적 사회의 한계에서 벗어나 더 넓고 다양한 사회를 경험하면서 자신이 아닌 다른 삶을 살기를 원하는 모든 열망은 거역할 수 없는 사회관계망을 통해서 다음 세대의 상상세계를 만들어나갈 것이다.

2. 위험한 일탈

68혁명으로부터 거의 정확히 10년이 지난 1978년 5월 9일, 68 혁명이 꿈꾸던 해방의 유토피아는 폭력으로 기울어졌다. 그날 이탈리아 정치인 알도 모로의 시체가 자동차 트렁크에서 발견 되었다. 무장투쟁을 주장하는 극좌 조직인 붉은여단에 납치된 지 55일째 된 날이었다. 제2차 세계대전 이후 계속 집권한 정 당인 기독교민주당 대표였던 모로는 기독교민주당과 이탈리아 공산당 사이의 '역사적인 타협'의 주역이었다. 당시 이탈리아 정치에서 가장 중요한 두 세력은 교회와 공산당이었다.[12]

레오나르도 샤샤는 이탈리아 정치사의 비극적인 이 일화를 소재로 『모로 사건』이라는 감동적인 책을 쓴다. 샤샤는 모로 의 편지를 인용하면서 모로의 기대 및 희망과 함께 동료들에 게 버림받았을 때 느꼈을 환멸을 그려내는 이 이야기는 68년 5

월의 분노가 한계를 경험하고는 살인적인 폭력으로 넘어가는 1970년대의 혼란을 전해주고 있다.[13]

납치당해 있던 모로는 내무부 장관과 교황과 의회의 친구들에게 여러 차례 편지를 보냈지만, 그를 맞이한 건 거부의 연합 전선이었다. 이탈리아 정부는 납치범들과 협상하지 않았고, 교황 바오로 6세는 모로를 위해 기도하자는 말만 하면서 교묘하게 문제를 피해갔다. 그런데 그가 보낸 첫 번째 편지는 기이하게도 실제 상황과 아주 동떨어진 것이었다. "사랑하는 노레타, 이번 부활절에 당신과 모든 가족 특히 손자에게 내 사랑과 소망을 전하고 싶소. 안나가 보고 싶다는 말을 전해주시오. 밤마다 당신 곁에 아그네스가 같이 있어주면 좋겠구려. 나는 건강하고 식사도 잘 챙겨 먹고 있다오. 나에게 숱한 사랑을 주었던 당신에게 축복을 보내오. 알도가."

이어서 내무부 장관에게 편지를 보낸다. "프란세스코 장관님께, 인사드립니다. 상황이 꼬여서 당신에게까지 이렇게 편지를 보내게 되었습니다. 존경하는 장관님의 책임하에 아무쪼록 현명하고 현실적인 조처가 있기를 바랍니다. (…) 필연적으로는 당연히 구해야 하는 무고한 자들을 합법성이라는 추상적인 원칙을 내세워 희생시키는 것은 납득하기 힘듭니다. 이스라엘과 독일을 뺀 나머지 모든 나라는 로렌츠 사건 때 긍정적으로 행동했습니다. 그리고 고위직 인사의 납치를 막지 못했다고 국가가 체면을 잃었다고는 말하지 마십시오."

3월 18일에는, 붉은여단의 깃발 아래 날짜를 증명하는 신문을 들고 선 모로의 사진이 도착했다. 모로의 모습은 다음과 같았다. "그는 걱정이 서린 눈길 속에 낙심과 무기력과 아이러니가 빛나는 모습이었다. (…) 눈과 입술 사이로 아이러니나 경멸의 빛이 새어나왔지만 곧 피로감과 걱정에 의해 가려졌다. 그의 눈길에는 오래된 지역풍 시로코 바람이 인다는 말이 나돌았다. (…) 그는 이탈리아 남부 지방 특유의 비관주의의 화신 같았다." 다시 말해, "죽음에 대한 생각 이외에, 사물이나 생각이나 환상은 모두 이 세상으로 인도하는 것 같아도 결국에는 죽음을 향해 흘러간다. 죽음의 생각은 결코 죽지 않는다."

　　어떤 응답도 없던 그때 붉은여단이 최후통첩을 했다. "알도 모로의 석방은 지금 투옥되어 있는 공산주의자들의 석방이 있을 때에만 고려할 수 있다. 48시간 내에 명확한 답변을 기다린다." 모로는 자신의 운명이 정해졌음을 깨달았다. 최후통첩이 나온 뒤 모로는 이렇게 마지막 편지를 쓴다. "제 장례식은 정부 당국도 정당 사람도 절대 관여하지 말고, 저를 동행할 만한 자격이 있는, 저를 진정으로 사랑했던 사람들이 기도와 사랑으로 제 행렬을 뒤따라오기를 바랍니다."

폭력의 기승

◇◇◇◇◇◇◇◇◇◇◇◇◇◇◇

　　　　　모로의 살해는 이탈리아 정치 폭력의 극점이었다. 치명적인 10년인 1970년대를 부르는 '무거운 시절'이라는 말이 있을 정도였다. 이 무거운 시절은 모로 사건으로 정점을 찍었지만 그게 끝이 아니었다. 85명의 사망자와 200명 이상의 부상자를 낳은 1980년 극우파에 의한 볼로뉴 역 테러 같은 사건들이 뒤를 잇는다. 하반신에 위협 사격을 가한 극좌파의 기총소사 사건도 일어난다.

　제2차 세계대전의 추축국이었던 독일, 이탈리아, 일본은 68혁명의 열기가 가장 약한 곳이었다. 앙리 베베르에 따르면 이 세 나라는 부모와 자녀 사이의 갈등이 가장 심한 곳이다. 프랑스는 결국 이탈리아를 휘감았던 폭력 사태는 피했다는 것이다. 하지만 프랑스의 직접행동단Action Directe 은 예외였다. 이 단체는 르노 자동차의 조르주 베세 회장과 국방부 간부인 오드랑을 암살했는데, 이들은 겉으로는 기본적인 것도 거부하려 했다. 에르베 로트만은 이런 사정을 다음과 같이 전한다. "드골 정부의 프롤레타리아 지도자 그룹은 상징적인 폭력에서 무장폭력으로 넘어가기 직전에 이 조직의 해산을 결정함으로써 프랑스에서 폭력이 발발하는 것을 막았다. 이 무장 세력이 막다른 길로 들어서는 것을 막기 위해 이들은 몇 달 동안 꾸준히 설득했다. 극좌파인 알렝 크리빈의 '공산주의연맹'이나 베니 레비가 주도한 '프롤레타리아 좌파'는 무력으로 나타날 수도 있는 개인들의 폭력 방향을 조절하고 억제했다."

선진국의 정치 폭력은 치명적인 이념 속에서 길을 잃은 좌파의 전유물이 아니고, 훨씬 더 일반적인 현상과 연관된 것이었다. 1960년대와 1970년대 내내 대부분의 선진국에서 살인 사건이 증가했는데 미국과 유럽에서는 2.5배로 늘어났다. 훨씬 낮은 수준에서 시작한 캐나다도 똑같은 과정을 겪는다. 캐나다와 미국의 비교가 눈길을 끈다. 두 나라의 살인 사건은 1대 3의 비율이다. 미국에서의 살인은 인종차별이 일어난 남부 지방과 불법으로 국경을 점령했던 서부 지방 카우보이들이 차지하는 비율이 높았다. 역사적으로 캐나다는 약탈들이 자리 잡기 전에 기마경찰이 국경을 이미 진정시켜놓았기 때문에 훨씬 덜 폭력적이었다. 하지만 캐나다도 1960년대에는 미국처럼 폭력 행위가 증가한다.

하버드대학 심리학과의 스티븐 핑커 교수는 사회학자 노베르트 엘리아스의 분석을 원용하여 이 같은 추세를 조망한다. 엘리아스에 따르면, 사적인 폭력을 점진적으로 근절시키는 '문명화 과정'은 유럽에서 18세기부터 시작되었다. 『우리 본성의 선한 천사』에서 핑커는 유럽의 범죄율은 17세기에 비해 오늘날은 50퍼센트가 줄었음을 보여준다. 17세기는 유럽 대륙이 벌인 종교 전쟁의 절정기였다. 이 시기에 벌어진 잔혹 행위 이후, 국가는 마침내 전쟁과 살상에 지친 국민으로부터 '정당한 폭력의 독점권'을 획득한다. 그렇다고 폭력이 완전히 사라진 것은 아니었다. 로베르 뮈샹블레가 보여주듯이, 폭력의 전선은 한편으로는 가정 폭력 쪽으로, 다른 한편으로는 외국과의 합법적인 전쟁 쪽으로 점차 옮겨가는데, 국가 간 전쟁의 치유는 훨씬 더 오랜 시간을 필요로 한다.[14]

그런데 1960년대에 시민 폭력이 증가한 이유는 무엇일까? 핑커에 의하면 이 기간에 '탈문명화' 과정이 진행되었다는 것이다. 엘리아스가 이야기하는 이런 과정의 핵심인 열정을 제어하는 자제력 자체가 줄어든다. 그 대신 자연발생적인 것을 높이 평가하고 부르주아 풍습을 비난하는 것이 이 시대의 신조가 된다. 영화 「이지 라이더」의 도입부에서 헨리 폰더와 데니스 호퍼는 차고 있던 손목시계를 보란 듯이 내팽개친다. 록그룹 시카고는 이렇게 읊조린다. "지금 몇 시인지 아는 사람 있나요? 거기에 신경 쓰는 사람 혹시 있나요?" 자발성과 금기 비판과 열정을 칭송하는 것이 중요한 미덕이 된다. 밥 딜런은 "그래요 나는 지금 나처럼 되기 위해서 최선을 다해요. 헌데 당신들은 모두 그들처럼 되기를 원하네요"라고 노래한다. 당시 미국의 사상가인 제리 루빈의 책 제목은 『행하라Do It』였다. 사회학자 카스 우테르는 부르주아 사회의 기존 규범이 이런 비공식 문화로 교체되는 중이라고 보았다. 기하급수적으로 증가한 약물 사용도 집단 범죄와 폭력 증가의 원인이 된다.[15]

로베스피에르의 공포정치가 프랑스 혁명의 방향을 잘못 틀었던 것처럼 1970년대의 범죄와 폭력은 결과적으로 1960년대의 반문화를 망가뜨렸다. 외형적으로는 도덕적 질서의 복귀와 경제 위기의 해결책이라 천명하는 보수의 반혁명을 유발한 것이 바로 이런 범죄 폭력이었다. 1990년대에 들어서 폭력이 다시 줄어들기 시작하지만 그렇다고 그것이 보수 혁명 덕분은 아니었다.

제1부 떠나다, 돌아오다

3장

보수 혁명

영화 「디어 헌터」는 이전의 다른 전쟁 영화에서는 한 번도 보여
주지 않았던 베트남 전쟁의 적나라한 모습을 형상화함으로써
당시 시대를 잘 보여주었다. 포로수용소의 젊은 신병들이 억지
로 행하던 러시안룰렛의 잔인함은 정말 견디기 힘들다. 영화
끝부분에서 전쟁으로 인해 인성이 완전히 파괴된 친구들은 한
친구의 장례식을 마치고 식당에 모인다. 오믈렛을 준비하는 요
리사가 미국 국가를 휘파람으로 불자 모두 미국 국가를 노래하
기 시작한다. 러시아 이민자 자녀들인 이 젊은이들의 애국심은
변함없이 그대로다. 심리적, 도덕적 지옥의 끝에 있는 죽은 '닉
에게' 건배를 하는 것이 영화의 마지막 장면인데 이 장면은 보
수 혁명의 전조로 해석되었다.

　레이건의 정치적 승리는 이 영화의 등장인물들처럼 끝까지

애국심을 갖고 있던 미국의 블루칼라 노동자들의 지원 덕분이었다. 좌파인 민주당이 전혀 예측하지 못한 믿기지 않는 이런 현상이 세계 도처에서 일어난다. 크리스토퍼 래시는 『유일하고 진정한 천국: 진보와 그 비판자들』이란 책을 내는데, 그 출발점은 미국뿐 아니라 많은 국가에서 우파가 집권하게 된 까닭을 이해하는 것이었다. "20세기가 끝나는 순간 좌파가 후퇴할 것이라고 과연 누가 예측했겠는가? 사람들은 모두 적어도 복지국가와 같은 사회주의 형태가 시장자본주의를 대체하리라 생각했던 것처럼, 시대의 흐름은 사실 좌파에 유리했다."

네오콘, 즉 새로운 우파는 "시장을 정부 간섭으로부터 보호할 뿐 아니라 무관심과 쾌락주의와 도덕적 혼돈으로 빠지는 추세를 끝내야 한다"는 주장으로 힘을 얻었다. 앙드레 고르스의 생각을 간접적으로 받아들인 래시는 공장 노동으로부터 해방되어야만 프롤레타리아가 구원될 수 있다는 마르크스주의의 생각에 결코 동의하지 않는다고 설명했다. 그것은 장인과 농민뿐 아니라, 부분적으로는 일반 대중도 관심이 있는, 독립적인 삶과 자율성의 꿈이었다. 마르크스의 프롤레타리아 세상에서 길을 잃기를 거부한 예로, 레이건의 공약에 사무직 노동자들이 집결한 것을 들 수 있을 듯하다. 자신이 경작하는 땅의 주인이 되기를 원했던 앙시엥 레짐의 농부들처럼 서민층은 임금노동을 벗어나 자영업자가 되기를 원했다.

미국 진보파의 구세주 같았던 젊고 매력적인 케네디 이후 20

년 뒤, 은퇴한 배우 레이건이 기울어가던 미국의 무대 전면으로 돌아온다. 케네디가 대통령으로 당선되던 때는 미국의 황금기였다. 당시 미국의 복지 수준은 다시는 경험하지 못할 정점에 도달해 있었다. 1964년에 레이건은 극우파 후보인 배리 골드 워터를 지지했는데 이 후보의 득표율은 39퍼센트에 불과했다. 20년 후 위기의 절정기에 노배우가 다시 나타난다. 나라는 인플레이션과 실업에 빠져 있었고, 베트남 전쟁으로 미국인들의 도덕적 절망감은 절정에 달해 있었다. 로버트 드 니로가 「디어 헌터」와 같은 의미로 해석한 영화 「택시 드라이버」는 방향 상실에 휘감긴 미국의 극도로 긴장된 순간을 포착하고 있다. "좋은 시절은 정말 끝났는가? 강한 나라였던 때로 다시 돌아갔으면…… 베트남 전쟁 이전으로 말이오…….″(기 소르망이 전하는 1982년 멀 해거드의 발언)

　레이건의 강점은 하나의 정책으로 월가의 엘리트와 백인 서민층을 한데 모을 수 있었다는 것이다. 그는 '일이 구원이다'라는 간단한 생각을 중심으로 지지자들을 끌어모았는데, 이런 생각은 '더 많이 벌기 위해서는 더 많이 일해야 한다'던 20년 후의 니콜라 사르코지의 말로 이어진다. 많이 일하지 않는 사람은 스스로의 가난에 책임이 있다는 말이다. 복지국가에 반대하는 레이건은, 빈곤층이 빈곤한 원인은 빈곤층에 대한 원조 때문이라며 비난한다. '가난한 사람'은 곧 '흑인'을 의미한다는 것을 미국인이라면 모두 알고 있었다.

프랑스 보수 혁명의 기수인 기 소르망[1]이 언급하는 보수주의자 알렌 매튜소는 "아시아계, 히스패닉계, 카리브계 이민자들은 별 어려움 없이 경제 시스템에 편입되어 들어가는데, 해마다 흑인 청년 40퍼센트는 왜 실업자가 될까?"라고 묻는다. 역시 아프리카계 미국인인 토머스 소웰은 미국 흑인 역사를 "흑인은 다른 인종과 똑같은 규칙에 따라 사회의 사다리를 올라간다"고 묘사한다. "자신의 뿌리와 단절된 흑인 2세대들은 아직 중산층에 편입되지 않았기에 폭력의 유혹에 가장 많이 빠져들었다. 이리하여 조직 범죄는 1920년대에는 미국의 유대인들이 주도했고 그 뒤에는 이탈리아인들이 지배했다가 오늘날은 흑인 청년들이 주도하고 있다." 마지막으로 이렇게 결론을 내리고 있다. "반유대주의는 유대인들이 부자가 되는 것을 막지 못했다. 그런데 왜 인종차별은 흑인들이 부자가 되는 것을 막는 것일까?"

　토머스 소웰과 월트 윌리엄스는 흑인들을 돕고 싶다면 흑인을 위한 긍정적인 차별 정책은 포기해야 한다고 결론 내린다. 그들에 따르면, 복지국가는 불행을 견딜 수 있는 것으로 만들기 때문에 불행을 사라지게 하지 않고 유지시킨다는 것이다. 여기서 신자유주의는 빈민을 구제하기 위한 영국의 구빈법이 똑같은 명분으로 비난받았던 19세기 초의 논리를 그대로 되풀이한다.[2] 조지 길더의 『부와 빈곤』은 연방정부의 보조금이 "흑인들을 연방정부 수표의 녹색 물결을 기다리는 혼이 없는 삶으로 몰아넣는다"고 주장하는데, 이 책은 베스트셀러에 오른다.

찰스 머리는 『정체성 상실Losing Ground』에서 이 논리에 한 겹을 덧보탠다. 공공 원조는 서민층의 '도덕적 퇴보'를 유발한다는 것이다. 머리는 미국 사회에 있던 '근면, 금욕, 가부장적 가정'이라는 청교도적 가치를 회복하자고 제안한다. 그는 사회 원조에 의해 유지되는 빈민 가정의 무정부 상태가 일하고자 하는 의욕을 억누르고 가정을 파탄내며 종교적 열성도 잠식한다는 길더의 주장을 이어받는다. 머리는 리처드 헤른스타인과 함께 쓴 『벨 곡선』에서 이런 주장을 계속해나간다. 그는 공부하기에는 IQ가 너무 낮은 가난한 아이들에게 학교는 도움이 되지 않는다고 주장한다. 다행스럽게도 많은 연구가 이런 부조리한 사태를 대신할 수 있는 길을 모색하고 있다. 아셴펠터 교수는 IQ와 학습 능력의 관계는 정확히 예측할 수 없음을 보여준다.[3] 머리는 또한 부유한 나라의 가난한 사람들처럼 가난한 나라 또한 주민들의 낮은 IQ에 희생되고 있다고 주장한다. 오늘날 세계에서 가장 부유하고 가장 평화로운 국가 중 하나인 호주는 원래 빅토리아 시대에 전과자들이 정착한 곳이었다. IQ와 유전에 근거한 빈곤 이론으로는 이렇게 엄청난 변화를 설명하기 어려울 것이다.

연방국가에 대한 비난은 새로운 것이 아닌데, 복지국가를 거부하는 것도 그중 하나다. 연방국가 비난은 미국 역사에서 항상 있어왔던 것이다. 하지만 경제 위기는 이 문제에 새로운 관심을 불러일으킨다. 1930년대에 루스벨트 대통령이 행했던 포용과 예측 가능 국가 운동이 다시 떠오르는 중이다. 어빙 크리스톨 같은 네오콘은 뉴딜 정책을 이렇게 비판한다. "뉴딜 정책은 특히 지식인, 교사, 사회 교육가들에게 복지국가를 자신의 이익으로 바꿔놓았는데, 이들은 노력, 훈련, 도덕, 저축, 번영과 같은 미국 중산층의 가치를 무시했다."

세금 문제에 관한 연방국가 거부 운동은 1970년대부터 호황을 누렸다. 이 거부 운동은 1973년 사유재산 과세 반대를 주장하는 '발의안 13호' 투표가 실시된 캘리포니아에서부터 시작되었다. 아서 래퍼라는 사람이 샌프란시스코의 한 식당 식탁보에 학문적 내용은 별로 없는 곡선을 그리던 때가 이때다. 세금이 0퍼센트이면 국가 세수는 아무것도 없을 테고, 세금이 100퍼센트일 때는 누구도 일을 하려 하지 않을 것이기에 국가 세수는 마찬가지로 하나도 없으리라는 게 그 내용이었다. 따라서 국가 수익은 역U자 모양과 같을 것이다. 과세에 따라 국가 수익은 오르거나 내려가는데, 너무 많은 과세는 세수를 줄일 것이다. 공공 재정에 심각한 결손을 초래하면서도 레이건이 소득세를 25퍼센트 낮출 수 있었던 논리 중 하나가 바로 이런 이론이었다.

레이건 시대에 유행했던 이론이 바로 소위 '트리클 다운 경제' 이론이다. 가난한 사람들이 세금의 지원을 받는 보조금을 수령하는 혜택을 더 많이 누릴 수 있도록 부자는 더 부자가 되

제1부 떠나다, 돌아오다

게 해야 한다는 것이다. 위층에 비가 많이 내리면 그 물이 흘러
내려 아래층에도 혜택을 준다는 것이다.

1. 계몽주의의 배신

경제적 신자유주의와 도덕적 보수주의를 결합한 레이건의 정책에 의한 서민 계층의 성공은 지난 반세기 정치사의 결정적인 순간이 될 것이다. 그런데 이런 추세는 미국이나 대처의 영국을 넘어서게 된다. 이스라엘의 사회학자 에바 일루즈는 레이건의 당선과 2년 전의 이스라엘 메나헴 베긴 수상 집권의 놀라운 유사성을 지적한다.⁴

지금의 이스라엘에 최초로 정착한 유대인은 제2차 세계대전 전후에 러시아와 폴란드에서 온 아슈케나지 유대인들이었다. 그들은 프랑스가 '영광의 30년' 동안 이민자들을 받아들인 것처럼, 미즈라힘(미즈라흐)이라고도 불리는 북아프리카 출신의 세파르디 유대인들을 받아들인다. 아슈케나지 시온주의자들은 미즈라힘들을 남자는 트럭 운전사나 노동자 같은 잡일에,

제1부 떠나다, 돌아오다

여성은 가정부나 공장에서 일하는 노동자로 제한했다. 미즈라임은 '원시인'으로 간주되었는데, 그들의 종교도 세속주의를 근대성의 표준으로 여긴 아슈케나지 유대인들에게는 문화적 열등의 표식으로 여겨졌다.

베긴 수상은 노동당과 싸우기 위해 미즈라임들에게 호소하면서 그들의 신념을 긍정적으로 평가한다. 레이건에게서 볼 수 있는 역설은 다른 데서도 나타난다. 신자유주의 경제의 희생양을 이야기하던 미즈라힘 유대인들은 경제 자유화를 옹호하고 부자들에게 혜택을 주는 리쿠드당 지지를 거두지 않았는데, 그것은 이 당이 자신들을 '이스라엘 유대인'으로 인정해주었기 때문이다. 같은 현상이 도처에서 나타난다. 다니엘 린덴베르그는 『계몽주의 비판』에서 인도에서 힌두교가 재등장한 것을 신앙과 자본주의가 결합된 똑같은 틀에서 나온 것이라고 지적한다.[5] 미국 보수파의 수장인 어빙 크리스톨은 신보수주의의 정책을 '종교, 민족주의, 경제성장'이라는 세 가지 구호로 정리한다.

마음의 사이클

정반대되는 생각들이 유행한 1960년대에서 얼마 지나지 않은 1980년대에 전혀 다른 보수 사상이 되살아난 것은 보수주의자들로서도 정말 놀라운 일이었다. 하지만 생각의 흐름이 이처럼 진동하는 것은 처음 있는 일이 아니었다. 이미 18세기의 변혁기인 프랑스 혁명의 물결 속에서도 상반된 흐름이 나타났다. 고다르와 트뤼포 감독이 68혁명을 예견한 것처럼,[6] 혁명이 일어나기 전에 계몽주의자들은 자율성과 자유라는 이상을 설파했다. 하지만 예기치 않은 일이 일어나는데, 테르미도르 반동뿐 아니라 나폴레옹 실각 후 메테르니히가 빈으로 돌아오고 프랑스에서는 왕정이 복고된 것이 그것이다.

시계추 같은 왕복운동이 현대의 특징으로 여겨질 수 있다는 사실을 철학자 로베르 르그로는 잘 보여주고 있다. 르그로에 의하면, 18세기 이래 유럽 사상은 '동물 본성'과 같은 의미에서의 '인간 본성'은 존재하지 않는다는 생각에 기초해 있다. 인간은 자신이 되기를 바라는 바로 그것이라는 것이다. 하지만 바로 이 출발점에서 상반된 두 가지 결과가 도출된다. 계몽주의 철학자들은, 사회 관습의 틀을 깨면서 문화적·종교적 전통으로부터 '벗어날' 때에만 인간은 진정으로 그 자신이 될 수 있다고 본다. 칸트가 보기에 계몽주의의 기본 생각은 사람을 성인으로, 다시 말해 스스로 생각하고 행동하며 판단할 수 있는 사람으로 만드는 것이다. "개인이 스스로의 자율성을 포기하는 것은 바로 종교, 관습, 습관, 즉 전통에 복종하는 것이다."

계몽주의 사상을 이어받은 낭만주의자들이 볼 때 실제로 인간성을 말살하는 것은 계몽주의였다. 계몽주의자들이 주장하

　　　　　　　　　　　　　제1부 떠나다, 돌아오다

는 '자율성'이 목적 그 자체가 될 때 공허한 것이 된다는 것이다. 그런 자율성은 마침내 인위적인 욕구로 이끄는데 사람들은 이 욕구를 '자연적'이라 여기지만 실은 자신을 동물의 차원으로 끌어내리는 욕구라고 주장한다. 낭만주의자들은 계속해서, 인간의 본성은 없기 때문에 인류는 자신이 만들어낸 문명과 종교와 특별한 언어 속에서만 존재한다고 생각한다. 모두 구체적이고 개별자적인, 인류에서 벗어나는 일탈이야말로 진짜 소외인 것이다.

낭만주의는 이렇듯이 개별화될 때에만 보편성이 완수된다는 생각을 전해준다. 관념인 보편성은 공허한 보편성이다. 반동 사상가인 조제프 드 메스트르는 "나는 평생 프랑스인, 이탈리아인, 러시아인들을 보았다. 또 몽테스키외 덕분에 우리가 페르시아인이 될 수 있다는 것도 알게 되었다. 하지만 보편적인 인간에 대해 고백하자면 내 평생 그런 사람은 만난 적이 없다"라고 이런 점을 정리해서 보여주고 있다. 그로부터 약 200년이 흐른 뒤 레이건 혁명을 언급하면서 크리스토퍼 래시는 거의 같은 어조로 말한다. "정당성은 보편적 인권이라는 관념적인 이상이 아니라 구체적인 사람과 관련되어야 한다. 우리는 구체적인 남자와 여자를 사랑하는 것이지 일반적인 인간을 사랑하는 것이 아니다. 남자와 여자가 모두 같다는 감정적인 허구에 기반을 둔 보편적 우정이라는 꿈은 남녀가 다르다는 것을 깨닫고 난 뒤에는 살아남기 힘들다."

이런 전통 속에서 '네오콘'이라 불리는 1980년대의 신보수주의자들이 태어났다. 이들은 조지프 드 메스트르의 정책을 이어받아 "계몽주의의 무기로 계몽주의를 공격하는" 전통을 완벽하게 자신의 신조로 삼는다. 크리스토퍼 래시는 "진보주의 원칙에 기초한 사회는 개인적 삶을 누리기 위해 더 큰 목표를 포기한다. 좌파자유주의자들은 삶의 다른 의미나 가치나 가능성을 부인하고 직업적 성공으로 요약되는, 개인주의, 사회적 변혁과 개인적 향유라는 이상을 주장하면서, 상류사회의 말투로 불우한 사람들을 옹호한다"라고 주장한다. 래시는 "절대적인 것과 미천한 것 사이에서 뼈아픈 고통과 한계를 느끼면서도 절망에 빠지지 않게 해주는 고대인의 미덕과 기독교의 은총을 이런 현대인의 무감각과 대비시킨다."[7]

미국의 앨런 블룸은 1987년 베스트셀러가 된 『미국 정신의 종말』로 보수주의 혁명의 성공에 기여한다. 블룸은 1960년대 미국 젊은이들 상황을 "부모처럼 대공황 때 생존의 위험이라는 고통스러운 경험을 한 번도 겪지 않은 채 안락하게 자라나서 그보다 더 나은 미래를 기대하고 있는 젊은이들"이라고 묘사한다. 블룸은 덧붙여서 학생들의 마음을 이렇게 묘사한다. "학생들 마음은 열정적인 의도도 의지도 없이 지쳐 있는 상태다. 세대 연속이라는 씨줄로 형성된 문명이 완전히 해지면서 여전히 아이들은 자라지만 제대로 교육은 받지 못했던 것이다."[8] 블룸에 따르면 부모들은 삶의 대부분을 자녀들에게 다 바친다.

그러나 "가족만이 도덕법을 전수하면서 유용성에만 빠져 있는 세상에서 도덕에 특별한 역할을 부여할 수 있기에 가족은 이런 가르침의 영속성을 믿어야 한다."

르그로의 지적처럼, '낭만주의' 정책의 반혁명적인 역설은 그것이 정치적으로는 급진적 보수주의로 이끌지만 철학에서는 전복을 일으킨다는 것이다. 이들은 현대인의 유일하게 합법적인 태도는 전통을 따르는 것이라고 생각할 수밖에 없었다. 에드먼드 버크는 프랑스 혁명에 반해 '자유는 우리 조상으로부터 온 것으로 후손에게 전수해야 할 유산'으로 보고 있는 영국 모델을 제시한다. 낭만주의는 계몽주의에 대한 비판이지만 계몽주의는 (예상되는) 낭만주의에 대한 비판이라고 볼 수 있다. 문명을 인간의 자연적 조건으로 보는 것은 문명이 저절로 만들어진 것이 아니란 사실을 감추는 것이고, 문명의 권위를 미리 인정하는 것은 인간의 자유를 부정하는 것이다. 벗어나고자 하는 욕망과 뿌리 내리고자 하는 욕구 사이를 오가는 현상은 끝없이 되풀이되는 것으로 여기에는 어떠한 종합도 가능하지 않다. 끊임없이 되풀이될 수밖에 없다는 말이다.

르그로와 허시먼의 이론을 연결하여 우리는 높은 경제성장기에 해방의 욕구가 표현되던 1960년대의 정신적 분위기와, 불경기에 전통과 기존 질서에 대한 보호 요구가 나타나던 1980년대의 정신적 분위기를 구분할 수 있다. 1990년대에 성장이 다시 나타날 것이라는 희망에도 불구하고, 현재 작동되고 있는 주기는 아주 손상된 주기다. 좌우를 움직이던 진자가 지금은 오른쪽으로 훨씬 더 기울어져 있다.

2. 콘드라티에프, 내 사랑
〈잃어버린 환상 2〉

보수 혁명을 촉발시킨 것은 대부분 1970년대의 위기였다. 20년 뒤인 1990년대 중반이 되자 성장이 되살아나면서 선진국들의 얼굴이 밝아졌다. 다시 낙관주의가 생겨난 것이다! 프랑스에서는 1997~2000년에 200만 개의 일자리가 생겨났고, 미국에서는 정보통신기술에 의한 '신경제'의 기적을 노래하는 기사들이 쏟아져 나왔다.[9]

많은 해설자는 새로운 콘드라티에프 주기가 등장하고 있다고 언급했다. 모스크바 통계국장인 콘드라티에프는 1923년에 아주 획기적인 논문을 발표했는데 이는 1928년에 영어로 소개된다. 슘페터는 유명한 『경기순환론』에서 약 50년 주기로 반복되는 경제 동향을 지칭하며 '콘드라티에프 주기'라는 표현을 쓴다. 콘드라티에프의 용어로 A 시기는 성장기이고 B 시기는 쇠퇴기다. 각 시기는 약 25년씩 지속되어 전체 주기는 약 50년이 된다.

콘드라티에프 주기는 경제성장기와 쇠퇴기 사이에는 규칙이 작동한다는 느낌을 준다. 1948~1973년은 성장기였고 1974~1997년은 쇠퇴기였다. 콘드라티에프에 따르면 1세기 전인 1849~1873년에 성장기가 있었으며 1873~1897년에는 큰 쇠퇴기가 뒤를 이었고, 그 뒤 1898~1923년에는 성장기가 다시 나타났다. 그리고 또 한 세기 이전인 1790~1814년에는 성장기가 있었고 1814~1848년에는 쇠퇴기가 있었다. 콘드라티에프 지지자들은 콘드라티에프 이론에 어떠한 의문의 여지도 없는 것으로 여겼다. 콘드라티에프 이론에 따르면 1998년에 접어드는 새로운 성장기는 2020년대 중반까지 지속될 것이다. 지금까지 있었던 모든 주기는 방적기, 철도, 전기와 같은 신기술의 보급과 연결되어 있다. 다음은 정보의 주기가 될 것이라는 얘기였다.

정치 영역에서도 새로운 시대가 열리는 것 같았다. 대처는 토니 블레이어로, 레이건은 빌 클린턴으로 교체되었으며, 프랑스에서는 사회당의 리오넬 조스팽이 수상에 올랐다. 르그로와 허시먼에 따르면 경기는 상승세에 들어 있었다. 경기가 되살아날 때는 금융 안정에 대한 요구는 느슨해지고 해방의 욕망이 다시 나타난다. 예컨대 경제성장기에는 이혼이 늘어난다. 최근 연구에 따르면 불행한 관계를 정리하려는 여성들은 재정적 독립을 위해 되살아난 노동 시장에 참여하고 있다.[10]

경제학자 벤저민 프리드먼은 『경제성장의 미래』에서 경제성장기와 '진보주의' 사상 유행 사이의 놀라운 상관관계를 밝혀낸다.[11] 프리드먼은 미국과 유럽의 경제 상황과 정치적 흐름의 관계를 분석했는데, 미국에서 진보주의 시대는 1865~1880년과 1895~1919년 혹은 전후의 시민운동기처럼, 거의 언제나 높은 경제성장기에 나타났다. 프랑스에서도 경제성장기에는 강한 개혁운동이 일어났다. 제3공화국 때와 제2차 세계대전 직후가 그러했다. 역으로 경제 위기 때에는 포퓰리즘 운동이 창궐한다. 군비 강화를 주장하는 불랑제 장군 지지 운동이나 극단적 민족주의파인 '프랑스행동'과, 파시스트의 폭력, 제2차 세계대전 독일 점령군의 괴뢰 정권인 비시 정권의 등장이 그러하고, 최근의 적절한 사례로는 경제 위기와 더불어 나타난 극우 '민족전선'의 부활 같은 현상을 들 수 있다. 독일에서도 독일 통일이나 빌리 브란트의 개혁운동 같은 인권과 사회적 권리의 신장 운동 등은 경제성장기에 나타난 현상들이다. 1930년대의 나치즘, 이민자에 반대하는 움직임의 재등장 등은 극심한 경제 쇠퇴기의 현상이었다.

콘드라티에프의 두 번째 죽음

애석하게도, 콘드라티에프 주기는 예상을 빗나간

다. 콘드라티에프가 예상하는 주기가 탈선한 것이다. 금융 위기 이전인 2000년대 초기부터 성장은 지체되고 있었다. 2008년 리먼 브라더스 은행 파산의 어마어마한 충격파는 전 세계로 퍼져나가 모든 나라가 휘청거렸다. 2009년 산업 생산과 세계 교역은 20퍼센트 이상 감소했다. 이 수치는 '영광의 30년' 시기에도 그만큼 단기간에 나타내지 못했던 기록이다. 이 위기가 해소되는 데에는 10년이 걸릴 것이다.

  금융 위기는 고요한 상태에서 터진 것이 아니다. 금융 위기는 보수 혁명 초기부터 누적되어온 불균형의 결과였다. 콘드라티에프 주기가 맞닥뜨린 큰 장애물은 상부 부유층의 부가 아래로 흘러내리지 않았다는 사실이다! 레이건이 주장하던 트리클다운이 실제로 일어나지 않았다는 말이다. 『세계 불평등 보고서 2018』에서 토마 피케티와 공저자들은 지난 40년 동안 벌어진 끔찍한 과정을 밝혀내고 있다.[12] 미국 국민총소득에서 상위 1퍼센트의 부자가 차지하는 몫이 10퍼센트에서 20퍼센트로 2배 증가했다. 중요한 사실은 부자들의 부의 축적이 빈곤층 50퍼센트의 부를 감소시키면서 실현되었다는 점이다. 실제로 국민총소득에서 빈곤층 소득의 비율은 20퍼센트에서 10퍼센트로 떨어졌는데, 그 부분은 결과적으로 부유층으로 옮겨갔다. 이 말은 곧 1980년에 부유층은 빈곤층보다 25배의 소득을 벌어들였다는 의미인데, 이 수치는 뒤에 100배로 늘어난다. 지난 40년 동안 하위 50퍼센트 저소득층의 구매력은 하나도 늘어

제1부 떠나다, 돌아오다

나지 않았다. 고소득층에서 저소득층으로의 소득 이전이 전혀 일어나지 않았던 것이다. 전체 인구의 10퍼센트에게만 혜택을 주는 경제성장은 허약한 성장임이 분명하다. 빈곤층은 현 상태를 유지하기만 하는 데도 부채를 져야 한다. 미국의 부동산 거품으로 인해 사람들은 부동산 담보대출을 통해서 능력 이상의 산더미 같은 부채를 안게 된다. 2007~2008년 금융 위기로 부동산 거품이 폭발하면서 콘드라티에프 주기에서 말하는 호황기는 영원히 끝나고 말았다.

새로운 자본주의 정신

보수 혁명은 기술혁명보다 먼저 금융 위기를 일으켰다. 1990년대부터 기업 경영권을 인수한 주주들이 산업자본주의를 대대로 개편한다. 전후에 사회 정책 및 노동조합과 함께 등장했던 노동 유형에 대해서도 의문을 제기한다. 연공서열 진급 제도는 성과급 제도로 바뀐다. 새로운 '주주자본주의'의 규범은 기업 활동을 노하우와 '핵심 사업'에 해당되는 한 부분으로 축소하는 것이고, 나머지 모든 것은 시장에 내맡기는 것이다. 예전까지 자신의 업무이던 것을 하청 업체에 '아웃소싱'하는 게 규칙이 되었다. 사회의 모든 층위를 통합하고 있는 듯한 대기업의 이런 산업 모델은 폭발할 지경이었다.

노조는 동일임금 모델을 주장하고 있는 데 반해 새로운 세상은 계층을 세분화하여 분리시킨다. 리처드 프리먼과 공저자들의 연구는 미국의 불평등이 폭발한 원인은 기업 내부가 아닌 전적으로 기업 간의 불평등 심화 때문이라고 설명한다.[13] 1950~1960년대에 회사 내 식당이나 경비원 혹은 청소 서비스는 회사 직원들에 의해 행해졌다. 그러나 아웃소싱에 대한 의존도가 극도로 높아지면서 이런 서비스는 회사 내부에서 제공되지 않게 된다. 아웃소싱을 행하는 회사에 서비스를 제공하는 업체는 더 이상 그 회사의 지위나 급여 체계로부터 아무런 혜택도 받지 못한다. 이렇게 새롭게 변한 체제에서 기업들은 새로운 정보통신기술 혁명으로 가능해지는 '직원 없는 기업'이 되려 한다. 세계화와 함께 경쟁이 심화되면서 더 저렴해진 노동력으로 이런 변화를 완성하게 된다. 하지만 연표에서 알 수 있듯이 세계화보다 자본주의 내부의 구조조정이 먼저 행해졌다.

새로운 기술이 특히 기업의 비용 절감을 가능하게 해주는 것처럼 모든 것이 진행되었다. 필리페 아스케나지가 보여주듯이, 가장 먼저 구조조정을 행한 기업은 노조가 가장 활발한 기업들인데, 이로써 구조조정이 노조와 경영진 사이의 오래된 포드주의식 타협을 실제 목표로 삼았다는 사실을 알 수 있다. 기존의 작업 방식에 대한 혁신이 동반될 때에만 정보화 생산성은 증가한다.[14] 정보화를 통해서 기업은 유휴 시간을 '과학적으로' 줄일 수 있게 된다. 스스로 자신의 문서를 타이핑하는 경영진이나 예전에는 여러 사람이 하던 업무를 혼자 행하는 은행 직원, 다음 날의 회계를 준비하는 호텔의 야간 관리인 등 '유휴 시간 없는' 사례는 아주 많다. 생산성 향상이 나타나지만 그것의 주된 요인은 높은 작업 강도 때문이다. 알랭 에렌베르의 책 제목과 같은 '성과지상주의'가 부과된 것도 바로 이 시기다.[15] 필리페 아스케나지에 따르면, 이런 추세는 과거 소련의 노동자 주도 생산성 향상 운동인 스타하노프 운동의 현대판이라 할 수 있다.

볼탕스키와 쉬아펠로가 지적하듯이, '새로운 자본주의 정신'은 1960년대 테일러주의 모델을 문제 삼던 언어에서 영감을 받고 있다. 다양성과 새로운 기능을 배우고 적용할 수 있는 능력을 증진하는 신경영은 소위 어떻게 하느냐가 문제인 '노하우know-how'가 아닌 어떻게 사느냐가 문제인 '사는 방법savoir-être'을 향하게 된다. 하지만 아스케나지가 『노동 장애』에서 강조하듯이, 노동자들은 더 자율적 존재인 동시에 더 속박받는 존재가 되었다.[16] 노동자들은 고객과 명령을 내리는 사람의 요구에 순응해야 한다. 일본에서 들어온 '정확한 시간 문화'는 '고객의 완전 만족'을 필수 과제로 규정하고 있다. "테일러주의 모델의 충실화 심지어는 그로부터의 해방이라고 선전하던 생산성지상주의는 노동 강화의 결과를 낳았다." 이로 인해 근골격계 질환 같은 신체적 문제뿐 아니라 정신 질환도 늘어난다. 스트레스는 그 자체가 중요한 모순명령인 '빨리 잘 하라!'라는 명령의 결과다. 한편 막대한 임금 삭감이 행해지던 같은 기간에 금융가에서는 엄청난 잔치가 벌어지고 있었다. 중력 법칙을 무시하기라도 하듯 주식시장은 1980년에서 2000년 사이에 10배나 뛰었다.

부시 대통령은 전문가답게 이런 상황을 "월가가 술에 취했다 Wall Street got drunk"라는 말로 요약했다. 위기의 핵심에 대해 『파이낸셜타임스』는 서브프라임 위기 이전 3년 동안 중요 금융 기관의 지도자들의 보수를 계산한 연구를 인용한다. 금융 회사는 40억 달러의 손실을 입었지만 그 회사의 중역들은 약 1000억 달러의 수입을 챙겼다. 중역들은 아주 단기간에 일반 직원의 급여체계에서 제외되었다. 예전의 기업 문화에서는 부하 직원들은 아무런 혜택도 받지 못하는데 관리자들이 자신의 보수를 인상하려는 생각은 감히 하지 못했을 것이다. 하지만 전면적인 '원가 절감'이 자리 잡자 정반대 현상이 일어났다. 관리자들은 자신들의 운명과 보수가 주식시장과 연동되어 있다는 것을 알게 되었다.

1904년에 출판된 고전적인 책 『프로테스탄티즘의 윤리와 자본주의 정신』에서 막스 베버는 자본주의는 탐욕이나 돈에 대한 열망이 특징이 아니라고 설명했다. 이 말이 사실이라면, 그런 탐욕은 중동 지방의 페니키아 상인이나 향신료 무역으로 부유해진 베네치아에서 발전된 것이리라. 그러나 탐욕은 영국 그리고 미국과 북유럽에서 활개쳤다. 탐욕이 인간 활동의 기본 동인 중 하나임을 인정하면서 베버는 자본주의가 신뢰와 계약 관계를 구축하고 규칙, 법 책임 '윤리' 전체를 재조정하면서 탐욕을 합리화하는 경향이 있다고 주장했다. 보수주의 혁명이 약속한 회복은 자본주의의 근본 가치인 청교도적 가치의 회복으로 볼 수 있었다. 하지만 실제로 보수주의 혁명은 '탐욕의 승리'라는 정반대 결과를 낳았다.

제2부

타락한 시대

4장

프롤레타리아여 안녕

레이건과 대처의 보수주의 혁명이 자본주의 승리의 축배를 들 때 서구에는 포퓰리즘이라는 새로운 유령이 배회했다. 베를린 장벽이 무너지고 1989년 붕괴된 공산주의의 자리를 이 유령이 점령했다. 산업계의 다른 종교였던 공산주의는 사라진다. 철학자 레비나스는 베를린 장벽의 붕괴가 "세속적 희망의 지평을 없애면서 정치사상을 지탱해온 사고의 틀을 크게 뒤흔들었다"고 썼다. "소비에트 연방은 아주 끔찍한 것이긴 하지만, 구원의 약속과 해방의 희망은 품고 있었다. 하지만 소비에트 체제가 사라지면서 시간에 대한 우리의 태도는 위기에 처하게 되었다."[1] 그리고 아무런 의미도 없는 세상이라는 느낌이 새로운 시대를 온통 적시고 있다.

구소련 몰락에 대해 철학자 페터 슬로터다이크는 갑자기 파산한 '분노의 은행'이라고 말한다. 분노한 사람들은 누구에게 따지고 누구에게 책임을 물어야 한단 말인가? 대답은 오래 걸리지 않았는데, 그것은 그 후에 번성한 포퓰리스트 정당으로부터 나왔다. 서민 계층의 분노는 부분적으로는 좌파와 우파의 이중 실패의 산물이었다.

좌파는 서민을 받아들인다는 인상을 주었지만 위기에서 서민을 보호하는 데는 실패했으며, 도덕 회복 정책으로 선출된 우파는 서민들을 탐욕의 제단에 갖다 바쳤다. 서민들은 산업 사회 붕괴의 피해를 정면으로 받았다. 산업사회는 결점도 지녔지만 적어도 사회 통합 환경을 제공하는 이점은 있었기 때문이다. 막스 셸러는 원한에 대한 연구로 유명한 사회학자인데 셸러에 따르면 원한의 완벽한 표현이 바로 '포퓰리즘'이다. 셸러는, 그것이 줄어들지 않는다는 것을 알고 나면 갑자기 참을 수 없게 되는 권력, 교육, 지위와 유산의 뚜렷한 차이와 함께 개인들은 똑같다는 형식적 평등성이 공존하는 오늘날 사회의 특별한 현상이 원한이라고 분석한다.

포퓰리즘이라는 표현을 쓰는 데는 주의를 기울여야 한다. 어떤 때에는 '대중과 영합하고 대중에게 인기 있는 것'이라는 의미로 엘리트들이 대중을 경멸하는 표현으로 사용한다. 하지만 역사적으로 이 표현에는 고귀한 의미가 깃들어 있었다. 1840년에서 1880년까지 러시아의 포퓰리즘 운동인 나로드니키 운동은 교사, 공무원, 언론인과 같은 지식인들이 인민 속으로 들어

제2부 타락한 시대

가 전개한 계몽운동으로 1917년 러시아 혁명도 이것의 결과로 볼 정도다. 미국에서는 1880년대에 서남부의 소농들 사이에서 포퓰리즘이 생겨났다. 과도한 빚으로 허덕이던 농민들은 은행에 등을 돌리고 1870~1890년대에 실질적인 농민 반란을 일으킨다. 인민의 당은 몇몇 상원의원 선출을 주도하고 철도, 전신, 천연자원, 은행의 국유화를 요구한다. 이들 요구의 핵심은 부채 탕감이었는데, 이런 요구에는 때때로 성서의 해석이 따라붙었다. 50년마다 오는 희년禧年에는 부채를 탕감하라고 성서에 명기되어 있다는 것이다.

라틴아메리카는 포퓰리즘이 실제로 의미를 지니는 유일한 대륙이라고 생각될 정도로, 오랫동안 포퓰리즘의 실험실이었다. 아르헨티나의 페론주의(아르헨티나에서 1946~1955년, 1973~1974년에 집권한 후안 도밍고 페론 대통령과 부인 에바 페론이 내세운 경제 사회 정책. 해외 자본 배제, 산업 국유화, 복지 확대와 임금 인상을 통한 노동자 수입 증대 등을 모토로 삼았다―옮긴이)가 대표적이며 그뿐만이 아니었다. 브라질, 칠레, 콜롬비아, 페루, 베네수엘라에서도 포퓰리즘은 똑같은 흔적을 남겼다. 뤼디거 돈부시와 서배스천 에드워즈는 거시경제의 안정성을 완전히 무시한 채 포괄적 성장만 추구하는 것이 포퓰리즘 경제 정책이라고 정의했다.[2] 똑같은 주기cycle가 '신경증처럼' 지칠 줄 모르고 반복되는데, 그때마다 실시하는 무모한 재정 부양책은 국제수지 악화와 환율 하락 및 급격한 인플레이션과 생산 붕괴를 초래한다. "뿌리 깊게 불평등한 사회 속에서 모든 정책이 펼쳐지는데, 이상한 것은 그런 정책이 이런 불평등을 전혀 해결하지 못한다는 것이다."

프랑스의 르펜, 헝가리의 오르바, 이탈리아의 극우 정파 리그당과 오성운동Movimento 5 Stelle(2009년 이탈리아의 코미디언 출신의 정치인 베페 그릴로가 출범시킨 정당. 다섯 개의 별은 오성운동이 목표로 삼는 쟁점들로 공공 수도, 인터넷 접속 권리, 지속 가능한 교통수단, 지속 가능한 개발, 생태주의를 말한다. 직접민주주의를 지향하며 유럽연합에 대해서는 회의적인 입장을 취한다 — 옮긴이)의 연정과 같은 유럽의 포퓰리즘의 특징으로 도미니크 레이니에는 '자산 포퓰리즘'을 지적한다.[3] 이 포퓰리즘은 유권자들에게 '그들을 위한' 복지국가와 '그들의' 도시와 '그들의' 일자리를 약속한다. 유럽 포퓰리즘은 그들이 사회적 혼란의 원인이라 주장하는 두 계층, 즉 위로는 사회 엘리트와 아래로는 이민자 집단에 대한 증오를 응집시킨다. 이탈리아 포퓰리즘 운동에는 엘리트 혐오라는 위를 향한 증오, 즉 첫 번째 요구를 만족시키는 급진 좌파 성향은 있었지만, 외국인 혐오라는 두 번째 아이템이 없었기 때문에 실제 선거 결과는 우파에 뒤졌다. 스웨덴의 '민주당', 덴마크의 '인민당', 핀란드의 '진짜 핀란드당', 오스트리아 '자유당FPO', 그리스의 '금빛 새벽당', 이탈리아의 '북부 리그당'은 모두 외국인 혐오에 기반을 두고 있다.

1981년 교통사고 과실치사로 피선거권이 없는 오성운동의 창시자인 베페 그릴로도, 물론 이런 측면에 대한 그의 주장이 모호하긴 하지만, 민족주의 리듬을 취하기도 한다. 그는 이민자들이 이탈리아의 결핵 재발에 책임이 있다고 비난한다. 그릴로에 따르면, "아무도 보지 않는다면 당신들은 이민자를 차에 싣고 으슥한 곳에 가서 따귀를 두 대 때릴 것"이라고 말하면서 "당신들은 나한테 감사해야 한다. 왜냐하면 내가 없었다면 당신들은 신나치가 되었을 것이기 때문"이라고 덧붙인다. 이런 태도를 두고 레이니에는 "두려움을 없애는 것이 아니라 협박"이라고 결론짓는다.

프랑스의 '민족전선FN'도 이 새로운 포퓰리즘을 상징한다. 이들은 대중의 불만을 포착하려 애쓰지만 어림잡아서 발표한다. 레이건 경제를 지지할 정도로 원래 자유주의자였던 르펜 가문은 엘리트와 이민자를 비판하는 유럽의 다른 포퓰리즘과 같은 노선을 걷는다.

민족전선의 장마리 르펜은 1974년 대통령 선거에서 0.75퍼센트의 지지를 얻었다. 1981년에는 추천 서명을 채우지 못해 후보가 되지 못한다. 그러나 1984년 유럽 선거에서는 놀랍게도 11퍼센트를 득표한다. 레이건에게 영감을 받은 민족전선은 특히 과세 반대를 중심으로 좌파 정권을 비판한다. 1988년 르펜은 14.4퍼센트의 지지를 얻었고 2002년 대통령 선거에서는 2라운드 결선투표까지 진출했다. 그러나 이 승리는 착각이었다. 세금 감축과 이민 반대는 고전적인 우파들이 너무 쉽게 덥석 받아든 술잔이었다. 2007년 대선에서 사르코지는 장마리 르펜을 10.4퍼센트로 몰아붙이면서 그의 정치 행보에 최후의 일격을 가했다.

민족전선의 혁신은 장마리 르펜의 딸인 마린 르펜과 함께 시작되는데, 마린 르펜은 '민족사회주의' 정책을 주장한다. 이 정책은 레이니에의 말처럼 좌파와 우파 모두를 깜짝 놀라게 한다. 좌파보다 더 급진적인 경제 정책과 우파보다 더 급진적인 도덕 정책은 세계화에서 낙오되고 이민 정책의 희생양이던 서민들로부터 지지를 얻는다. 마린 르펜의 정치 역정은 2017년 대선에서 에마뉘엘 마크롱을 만나 처절하게 실패하지만, 결선투표에서는 자신의 아버지보다 더 많은 지지를 얻었다.

1. 끔찍한 해, 2016년

2016년은 지금도 극심해지고 있는 포퓰리즘의 최고 절정기였다. 2016년은 영국의 브렉시트와 트럼프의 미국 대통령 당선처럼 정치계에도 포퓰리즘이 침투했음을 말해준다. 브렉시트에 대한 설문조사는 유럽을 벗어나는 데 찬성한 사람들의 감정을 정확하게 보여주고 있다. 그들은 '페미니즘, 다문화주의, 생태학'뿐만 아니라 '자본주의'와 '인터넷'이라는 단어도 싫어했다.

영국의 『이코노미스트』는 브렉시트 찬성이 가장 높은 도시의 예를 보여주고 있다. MIT와 하버드가 있는 미국 도시가 아닌 주민 76퍼센트가 유럽연합 탈퇴를 원하는 영국 링컨셔의 작은 항구도시 보스턴의 예가 그것이다. 이곳의 주민 70퍼센트가 16세에 학업을 중단했다. 부두는 텅 비어 있고, 카페와 새로운 상점은 '폴란드 상점'과 '우 아니U Ani'라 불린다. 이곳 주민의 13

퍼센트는 이민자인데, 대부분 인근 소규모 농장에서 일하는 폴란드인과 리투아니아인들이다. 어떤 은퇴자는 "이제는 모든 통제에서 벗어날 때"라고 말한다. 이 도시는 네덜란드와의 상업 중심지였던 과거의 향수에 젖어 잠들어 있다. 웅장한 성당이 여전히 우아한 이 도시의 중심가를 장엄하게 굽어보고 있다. 보스턴은 52퍼센트의 영국인과 함께 유럽연합에 반대했다. 이들은 유럽연합에 찬성한 48퍼센트의 영국인들과 전쟁 중인데, 유럽연합 찬성파 중에는 런던, 브리스톨, 맨체스터나 케임브리지처럼 역동적인 도시에 살고 있는 고학력의 자유로운 청년층이 많다.

포퓰리즘 부상이 빚은 두 번째로 끔찍한 사건은 2016년 10월 트럼프의 미국 대통령 당선이다. 3분의 2가 트럼프를 지지한 '작은 백인들'(미국 어휘집에 따르면 '대학 교육을 받지 않은 백인')도 똑같은 원한을 드러냈다.[4] 도시 엘리트들이 '날아가는 지역'이라 부르는, 뉴욕에서 로스앤젤레스로 갈 때 그 상공을 날아가는 지역에 거주하는 사람이 대부분이다. '다음 세대가 지금보다 더 잘살 것이라고 생각하느냐?'는 질문에 부정적으로 응답한 이들 63퍼센트가 트럼프를 지지했고, 긍정적으로 답한 사람 59퍼센트는 힐러리 클린턴을 지지했다. 이것은 농촌에 살면서 대도시의 가치를 혐오하는 사람들이 드러낸 고통이었다.[5] 트럼프가 이들에게 무엇을 줄 수 있었을까? 그것은 간단하다. 이 세상 한 귀퉁이를 차지하는 것마저 힘들다는 그들의 사정을 인정해주는 것이었다.

작가 토머스 프랭크는 2004년 책 한 권을 발간했다. '빈민들은 왜 우파에 투표할까?'라는 중요한 질문을 던지는 책이었다. 자신이 태어난 캔자스주는 이 질문에 대한 훌륭한 실험실을 제공해주었다. 그는 시골 마을이 "돌이킬 수 없는 문명 쇠퇴의 초기 단계를 보여주고 있다"고 쓰고 있다. 한 시골 마을은 공립학교를 이베이에 팔았다. 보잉사에게 위치타는 포드와 GM이 있는 디트로이트와 같은 항공 산업의 수도와 같은 도시였다. 이 도시는 노조 활동이 많은 노동 도시로 한때는 지역 민주당의 거점 도시였다. 2000년대의 위기를 정면으로 맞은 이곳 노동자들의 급여는 절반으로 줄어들었다. 1990년대 내내 위치타는 진화론과 낙태 논쟁이 일어나던 캔자스의 강력한 공화당 요새였다.

트럼프 이전의 공화당은 도덕적 보수주의와 경제적 자유주의의 결합으로 자리 잡았다. 공화당의 선거 운동은 낙태와 동성애에 반대하면서 극단적으로 자유로운 경제적 해방 정책을 구체적으로 이행하겠다고 약속하는 것이었다. '티파티'로 유명한 공화당 선거 운동은 실제로 감세 정책을 행했는데, 이로 인해 경제가 악화되어 사회 위기로 이어졌다. 이것은 곧 두 번째 도덕적 항의 시위의 식탁을 차려준 것이었다.

프라이머리(예비선거) 기간에 트럼프는 다른 입장을 취한다. 그는 특히 낙태 반대라는 티파티의 주장을 따르지 않으면서 다른 한편으로는 이민과 상품에 대한 국경 개방이라는 공화당 정책을 공격했다. 당 정책과 달리 그는 멕시코와 중국과의 자유무역협정에 반대하고 이민과의 싸움에 중점을 두며「왕좌의 게임」시리즈에 나오는 것처럼 멕시코 장벽을 건설하고, 불법 체류자를 추방할 것을 약속한다. 아무런 거리낌 없이 내뱉는 외국인 혐오와 보호무역이 그의 주요 슬로건이었다.

수사학적으로 볼 때 트럼프의 언어는 상대방에게 개인적으로 도전하는 것이 특징이다. 그를 비판한 언론인들은 권력이나 기업에 넘어간 사람이라는 고소를 당했다. 경제학자 저스틴 울퍼서는 트럼프의 방법을 다음과 같이 요약한다. 트럼프는 '정치적으로 옳은 것politically correct'을 비난하면서 여느 사람들과 달리 자신은 '진정하다'는 메시지를 전한다. 그가 예상외로 변할수록 자신의 성실함을 더 많이 보여주는 결과를 얻는다! 정보경제학자들이 잘 알고 있듯이, 트럼프는 자신이 다르다는 것을 보여주려고 여러 말을 덧붙이는 것이다. 그러나 이 방법은 어쩌면 더 단순한 것일지 모른다. 계속되는 여성과 외국인 혐오 발언을 통해 그는 '솔직하게 말하기를 좋아하는 사람'이라는 인상을 받을 것이 분명하기 때문이다. 그러나 사실 그를 지지한 사람들은 그가 진정으로 인종차별주의자이고 여성혐오자라는 것을 완전히 알고 있다! 트럼프가 '정치적으로 옳은 것'을 비판하는 행위는 자신이 생각하는 바를 공개적으로 말할 수 있게 해주는 가면 같은 것이라 할 수 있다.

트럼프는 멕시코 사람을 '도둑'으로 취급한다. 트럼프는 고문을 옹호하고 핵전쟁은 전술적 선택의 일부라고 생각한다. 그는 장애인 기자를 조롱했으며 자신이 너무 공격적이라고 평가한 기자를 비난한다. 한 놀라운 영상 속에서는 여성을 성적으로 유혹했던 일화를 아무렇지도 않게 말한다. 트럼프의 백악관 수석전략가였던 스티븐 배넌은 백인 우월주의를 신봉하는 대안우파alt-right의 극우 사이트 브레이트바트 뉴스의 운영자로서 이민에 반대하고 페미니즘과 다문화주의와 유대인, 무슬림 및 그의 마음에 들지 않는 다른 집단에 대한 끊임없는 공격을 즐기던 사람이다.

특히 유럽의 해설가들은 트럼프의 당선을 레이건식 자유주의의 종말, 시장 압력을 완화하라는 요구와 엄청나게 심화된 불평등을 수정하라는 요구로 해석했다. 그러나 첫 내각 명단이 발표되자 전문가들은 트럼프가 자유주의의 종언에 서명하지 않으리라는 것을 깨달았다. 트럼프는 푸틴 러시아 대통령의 우호적 지지자이자 석유 시장의 자유화를 지지하는 석유 재벌 엑손의 사장 렉스 틸러슨을 국무장관에 임명했다. 할리우드의 재정에도 관여한 적이 있으며 금융회사 골드만삭스의 수장을 지낸 스티븐 므누신 재무장관은 서브프라임 위기 때 파산한 기업을 인수해 엄청난 부를 축적한 사람이다. 패스트푸드 체인 CKE 최고경영자 출신인 앤드루 푸즈더 노동부 장관은 최저임금 인상에 반대했지만 가사 도우미를 불법적으로 고용한 전력이 드러나 단념해야 했다. 트럼프의 고문 중에는 올리버 스톤의 영화 「월스트리트」에서 '탐욕은 좋은 것'이라는 말로 유명한 게코의 모델이 된 주식 투매꾼인 칼 아이칸도 있었다.

『이코노미스트』의 보도에 따르면, 트럼프가 구성한 최초의 내각은 총 재산이 60억 달러를 넘어서는 등 모두 억만장자들로 구성되어 있었다. 그러나 첫 내각의 어떤 장관도 직무를 오래 수행하지 못했다. 트럼프의 특징은 무엇보다 모든 규칙을 폐지하려는 욕구에 있는데, 여기에는 국가 원수까지 포함되어 있다. 내각의 진용을 바꿔가면서 트럼프는 '파리기후협약'이나 WTO, NATO와 같은 국제적 규칙을 싫어하는 것이 자신의 지향성임을 보여주고 있다. 쥘리엥 지로도는 트럼프의 당선을 프로이트의 '이드'와 '규칙 어기기' 및 '더 이상 할 일이 없다!'라는 충동의 징후로 해석했다. 트럼프가 총기 소지 금지와 환경 기준 준수 및 금연을 주장하는 '정치적으로 올바른' 사람들을 비꼬면서 미국 서민층의 투표를 비웃었던 것도 이런 맥락이다. '더 이상 할 일이 없다!'라는 슬로건에서 브리스 텡튀리에는 민주주의 자체에 대한 전면적인 신뢰 위기와 같은 프랑스 유권자들의 '염증'을 분석해낸다.

『정의란 무엇인가』라는 베스트셀러의 저자인 하버드대학의 마이클 샌델은 더 나아가고 있다. 샌델은 좌파 엘리트의 초자아야말로 서민 계층의 적이라고 보고 있다. 좌파 엘리트들은 서민들의 교육, 의료, 사회적 상승 기회를 옹호하고 있다. 좌파 엘리트들은 능력주의적인 이런 이상이 고등 교육을 받지 않고 유기농도 먹지 않으며 건강 위생도 좋지 않은 사람들의 귀에는 비난처럼 들린다는 것을 깨닫지 못했다. 이런 조치를 그들이 생각하는 이상적 세상의 도래를 선포하는 자긍심으로 해석했다. 트럼프에 대한 지지는 사회적인 존중과 인정을 받고자 하는 유권자들의 욕구의 발로였다. 그들에게는 자신들이 무엇이 될 수 있거나 되어야 하는지가 문제가 아니었다. 있는 그대로의 모습으로 사랑받기를 그들은 원했던 것이다.

2. 역사는 돌고 돈다

미래에 대한 두려움과 그에 수반되는 외국인 공포증 및 허무주의적 열정은 그 자체로 독창적인 것이 아니다. 이런 감정들은 한 사회가 자신에 대한 신뢰를 잃는 의혹의 시대에 나타나는 특징적 현상이기 때문이다. 1920~1930년대에 미국에서부터 일어난 변화를 분석하는 것이 이런 현상을 잘 설명해줄 수 있을 것이다.

'영광의 10년'이라 불리는 미국의 1920년대는 급성장한 시기로 '포효하는 20년대roaring twenties'라고도 불렸다. 전기 조명과 상수도와 엘리베이터는 도시의 생활 조건을 변화시킨다. 1920년대는 또한 강렬한 문화생활 시기이기도 했는데, 싱클레어 루이스, 스콧 피츠제럴드, 어니스트 헤밍웨이 등은 미국 문학을 완전히 새롭게 바꿔놓았다. 첫 번째 유성영화인 「재즈 가수」는

제2부 타락한 시대

1928년에 개봉된다.

이 황금기 동안 미국 사회의 도덕 규범은, 50년 후인 1960년대에 그렇게 되는 것처럼, 열광적인 젊은이들에 의해 흔들린다. 소녀들은 머리를 자르고 소년처럼 옷을 입는다. 미국 여성이 투표권을 갖게 된 1920년에 나온 『말괄량이 아가씨와 철학자들』에서 스콧 피츠제럴드가 이야기하는 성적으로 해방된 말괄량이 아가씨 이미지가 널리 퍼져나간다. 점점 더 많은 여성이 노동 시장에 진출해 처음으로 재정적 독립을 획득한다.

1920년대에는 도처에서 아방가르드의 반항이 일어난다. 이언 커쇼는 "낡고 피상적이며 의미도 없는 예전의 표현 양식"에 대한 저항의 움직임을 지적한다. 정신분석에서 영감을 받은 현대미술은 부조리와 설명할 수 없는 열정의 카오스를 보여주려한다. 이런 변화의 중심지는 파리였다. 파블로 피카소, 제임스 조이스, 에즈라 파운드는 파리에서 활동한다. 독일에서는 예술과 사회 사상이 새로운 시대정신을 받아들인다. 발터 그로피우스가 1919년에 설립한 바우하우스는 미술가, 조각가, 건축가들을 특이한 '아방가르드의 문화적·지적 창의성의 개화'의 장으로 끌어모았다.

그러나 이미 '문화적 반발'과 도덕적 반격이 준비되고 있었는데, 1919년의 금주령은 상징적인 조치 중 하나였다. 1929년 대공황과 함께 이 반격은 활개를 친다. 1920년대의 경박함과 관능은 태어나자마자 곧 사라진다. 여자들은 치마를 길게 입고 장갑도 끼기 시작한다. 사람들은 덜 개방적이게 되고 일탈에 대한 관용도 줄어든다. 이언 커쇼는 이 시대를 이렇게 요약한다. "경제 위기로 원한이 늘어난다. 사회는 더 쩨쩨해지면서 관대함도 덜해지고 여자가 남자의 일을 한다고 비난받는다." 보수적인 카글린 신부는 라디오에서 반유대주의 방송으로 수백만 명의 미국인을 사로잡는다. 잔인하고 아이러니한 소설 『미국을 노린 음모The Plot against America』(2004)에서 필립 로스는 루스벨트가 아니라 1927년에 최초로 대서양을 건넌 비행사 찰스 린드버그를 대통령으로 선출하는 미국인에 관한 아주 신뢰할 만한 작품을 남긴다.

유럽에서 미국 모방은 정신적 결함의 상징처럼 보였다. 재즈는 바흐와 베토벤처럼 뛰어난 문명보다 열등한 것, 혹은 흑인 음악으로 간주되었다. 미국 무용의 에로틱한 리듬은 어린 소녀들의 풍습을 위협한다고 비난받는다. 몸에는 고작 바나나 한 송이만 걸치고서 파리와 베를린을 정복한 아프리카계 미국 댄스 가수 조세핀 베이커의 알몸이 문화적 탈선의 화신이었다.

위기가 심해지자 심신 허약자의 문제를 '인종 위생'을 통해 해결하려는 생각이 도처에서 생겨난다. 독일에서는 유전병 환자들에 대한 거세 프로젝트가 1932년부터 도입된다. 하지만 우생학은 독일에만 있었던 것이 아니다. 우생학협회는 1926년 영국에서 만들어졌다. 사회적 다원주의로 묘사되는 우생학은 찰스 다윈의 사촌인 프랜시스 골턴의 영향을 입은 영국의 이론이었다.

　사회 다원주의로 제시된 우생학은 프랜시스 골턴에게서 나온 영국 이론으로, 초기에는 우상 파괴로 유명한 케인스, 베버리지, H. G. 웰스나 조지 버나드 쇼 같은 학자들의 지지를 받았다. 스웨덴에서 인종생물학 연구소는 1922년 웁살라대학에 세워졌다.

전체주의의 원인

　　　　영국, 프랑스, 미국의 대다수 사람은 그러나 민주주의 제도를 여전히 지지한다. 도덕적 보수주의의 압력에도 불구하고 루스벨트는 민주당 좌파를 쇄신하는데, 경제 재앙에 책임이 있는 전임자 후버의 반대편에 있었던 덕분이었다. 독일에서는 겨우 치유된 전쟁의 상처가 덧나고 있었다. 제1차 세계대전 종전 직전인 1918년에 1권이 나오고 4년 뒤에 2권이 나온 오스발트 슈펭글러의 저서 『서구의 몰락』은 독일의 비관론에 큰 영향을 끼쳤다. 슈펭글러는, 문명을 사회 생명력이 쇠퇴하면서 변함에 따라, 스핑크스의 수수께끼처럼 유아기, 성년기, 노년기의 3단계로 변하는 것으로 보고 있다.

　한나 아렌트는 『전체주의의 기원』에서 도덕이 몰락하고 있던 1930년대 속으로 깊이 들어간다. 여기서 그녀는 오늘날 포퓰리즘이 부상하게 된 이유를 짐작케 해주는 생각들을 만난다.[6] 아렌트는 전체주의를, 원자화된 사회에서 고립된 개인들이 기존 질서를 증오하면서 응집된 감정적 반응이라 보고 있다. 경제 위기로 몰락한 중산층들, 즉 이전에는 그 안에서 한 자리를 차지하고 있던 사회에서 그 자리를 상실하게 된 사람들이 원한의 무리를 이루게 된 것이다. "유럽의 군중심리학이 발전한 것도 계급사회가 붕괴하는 바로 이런 분위기 속에서였다. 추상적이고 한결같은 똑같은 운명이 개인들에게 영향을 주었는데, 스스로를 자신의 탓이라고 여기는 사람도, 심지어는 이런 세상이 특정한 부정의의 결과로 보는 사람들에게도 영향을 미친다."

시대의 타락을 이해하려고 아렌트가 참조한 자료에는 귀스타브 르봉의 『군중심리학』도 있다. 르봉은 군중의 감정적인 충동을 따를 때 개인의 이성이 어떻게 붕괴되는지를 분석하고 있다. 한나 아렌트는 자신의 세대를 "계급사회가 군중사회로 변해가는 것"을 목격하고 있는 세대라고 규정한다. "허무주의는 지금까지 개인들의 문제였지만 이제는 군중 현상이 되었다"고 주장한다.

계급과는 달리, 군중은 공동 이익을 의식하고 묶인 것이 아니다. 군중에게는 제한적이며 실현 가능한 정확한 목표 같은 특별한 논리가 없다. "군중은 정당이나 시의회나 직장 조직이나 노조 같은 공동 이익에 바탕을 둔 조직에 포함되지 않는 사람들에게 해당되는 말이다. (…) 다른 정당들은 모두 포기했던 이런 군중 속에서 지지자를 모았다는 것이 나치의 부상 과정의 특징이다." 민족 공동체Volksgemeinschaft는 권리가 아닌 천부적인 것으로 모든 독일인의 절대적 평등을 약속한다. 이 약속으로 독일인은 모두를 다시 끌어내릴 수도 있는 계급 없는 사회에 대한 약속으로 향상될 수 있게 해주었다.

완전히 뿌리 뽑힌 상황에서 현실을 더 이상 참아낼 수가 없어 현실에서 벗어나려는 욕구에 시달리는 사람들이 군중이라고 아렌트는 결론 내린다. 나치의 선전은 현실을 완전히 무시하고 있다. 군중은 그들을 만들어낸 권력에 완전히 의존하고 있다고 나치는 보고 있었다. 그의 표현대로 '쓸데없는 입'을 줄이기 위해 미친 사람을 완전히 제거하기로 결정했을 때 히틀러는 경제적인 계산을 목표로 한 것이 아니었다. "학살 정책을 시작할 때 그는 군중이 도덕에서 벗어나도록 준비시켰다."

나치가 무너지자 그들이 만들어낸 허구의 세계도 허물어졌다. 그러자 군중은, 어떤 이들은 새로운 세상의 기능을 받아들여서 '행복하게 고립된 개인'이 되고, 또 다른 이들은 이전과 같이 '절망한 잉여 인간' 상태가 되는 등, '고립된 개인'이라는 상태로 되돌아갔다. 연합국은 독일 국민 중에서 진짜 나치를 찾아내려고 혈안이 되었지만 찾지 못했다. 독일인의 90퍼센트는 가끔씩 마음에서 우러나 나치에 동조했던 사람들이기 때문이다.

3. 고독한 50년

(잃어버린 환상 3)

1930년대와 오늘날의 포퓰리즘 현상 사이에는 물론 공통점이 하나도 없다. 오늘날의 사회는 더 문명화되어 있다. 하지만 오늘날 정치의 퇴조는 한나 아렌트가 지적한 전체주의의 부상 과정을 상기시킨다. 서민 계층의 지표도 사라지고, 모두의 자리가 있던 계급사회가 사라지면서 아무런 조직도 없는 군중으로 떨어졌다는 느낌. 이런 근본적인 요인이 오늘날 포퓰리즘이 부상하는 이유를 밝혀줄 수 있을 것이다.

2017년 프랑스 대통령 선거를 분석해보면 이런 유사성을 확인할 수 있다. 마린 르펜의 지지율은 대도시에서 멀어질수록 증가한다. 도심으로부터 먼 곳에 사는 사람일수록 사회적으로 더 고립되어 있다는 말이다. 파리정치대학 정치연구소CEVIPOF의 설문조사에서 시작된 2017년 대통령 선거의 결정 요인에 대한 계량경제학적 분석은 르펜 지지자들이 사회적 신분보다는 개인적 특성이 더 강하다는 것을 보여준다.[7] 예컨대 아버지의 직업으로 다른 후보자에 대한 지지율을 예상할 순 있지만 마린 르펜의 지지자는 그렇지 않았다.[8] 마찬가지로 저소득층은 좌파를 지지하고 고소득층은 우파를 지지하는 것처럼, 일반적으로는 주민의 평균 소득이 투표 성향의 요인이 되지만 르펜의 지지자들에게는 해당되지 않았다. '민족전선' 지지를 설명해주는 것은 개인적 소득 수준이나 주관적인 불만 수준과 같은 그들 각자가 처한 상황이었다.[4]

오늘날 사회의 특징으로, 사회학자 로베르 카스텔은 사회적으로 성공해 스스로 사회적 관습을 극복했다고 믿고 있는 사람들의 '지나친 개인주의'와 스스로에 대한 자신감을 상실한 서민 계층에서 많이 볼 수 있는 '부족한 개인주의'로 구분한다. 카스텔의 이 구분은 오늘날 정치의 양극화를 잘 설명해준다. 교육 수준도 소득도 낮아 가진 것이 아무것도 없는 마린 르펜 지지자들과 만족감이라는 주관적인 요인을 포함해서 모든 것을 가진 마크롱 지지자들의 상황은 완벽한 대각선에 위치해 있다.

그런데 이 대각선은 좌파와 우파를 가르는 기준과는 전혀 다르다. 이것은 더 이상 부자와 빈자를 가르는 것이 아니라 어떤 부자와 어떤 빈자를 가르는 대각선이다. 설문조사에 따르면 멜랑숑 지지자들은 필롱 지지자들과 교육 수준은 비슷하지만 소득 수준은 낮았다. 이들은 사회적 불평등으로부터 피해를 보고 있다고 여기고서 부당한 불평등을 개선해야 한다고 주장한다. 르펜의 지지자들은 '고등 교육을 받지 않은 백인'이라는 트럼프의 지지자들과 닮은꼴이다. 사회의 능력주의를 신뢰하지 않는 이들의 의구심은 국가가 그들을 도와준다는 것마저 의심할 정도에 이르고 있다. 스스로가 그 수혜자임에도 불구하고 이들은 정부의 소득 재분배에 대해 거의 관심도 없다. 오히려 이들은 '재분배 없는 보호 정책'을 주장하는 역설적인 요청도 하고 있다. 다른 사람들에게는 '장벽'을 세울 것을 주장하는 이들의 요청도 이런 맥락에서 나온 것이다.

르펜 지지자들에게는 공산주의 지지자를 설명할 때 사용되는 그런 의미의 계급의식이 전혀 없다. 에르베 르브라의 연구에 따르면, 과거의 공산당 지지자들의 거주지와 오늘날 민족전선 지지자들의 거주지 사이에는 아무런 상관관계가 없다. 과거에 공산당을 지지하던 노동자와 오늘날 르펜을 지지하는 노동자는 전혀 다른 노동계급이라는 말이다. 2002년에 나온 『가능성의 평등』이란 책에서 사회학자 에릭 모랭은 이런 변화를 밝히기 위해 노동 조건을 분석해야 한다고 제안한다.[10] 전통적인 '산업노동자' 외에도 장인 유형의 노동자와 운전기사, 택배원과 같은 유통업계 노동자의 유형도 고려해야 한다는 것이다. 장인과 유통업 유형의 노동자들은 산업노동자들보다 고객의 최종 요구를 훨씬 더 가까이서 접하고 있지만 갈수록 비정규직화로 넘어가고 있다. 산업노동자들은 거대 기업의 큰 공장의 조립 라인에서 일했지만, 오늘날의 장인 노동자들은 중소기업 혹은 대기업의 한 부서에서만 일한다. 이들은 전형적으로 건축, 요리, 유지 보수 같은 일을 하고 있다. 마지막 범주인 유통업계 노동자들은 이전 노동자에 비해 훨씬 더 개별화된 역량을 수행하는 서비스사업자에 속한다. 산업노동자의 3분의 1이 감원을 경험하지만, 다른 범주의 노동자는 비교적 잘 버티고 있는데 특히 물류 운송 노동자가 증가하고 있다. "탈산업시대에 부각되는 것이 바로 이 '새로운 노동계급'이다. 배달 운전자나 가정부는 자동차 조립 라인의 노동자들보다 작업의 직접 참여도가 훨씬 높다." 장인 유형의 환경에서 고용주는 소규모 사장의 이데올로기를 지지한다. 고용주는 회사 운영의 규제나 고객의 횡포나 정해진 표준에 대한 부담감 같은 푸념을 늘어놓지만 끝에 가면 항상 급여에 대한 불평을 늘어놓는다.

프랑스 사회학의 창시자 중 한 사람인 에밀 뒤르켐의 자살 분석은 대중 투표와 유사하다. 뒤르켐은 사회성 부재에서 나오는 사회적 아노미 현상이 자살 요인 중 하나이며, 그래서 자살은 개인이 아닌 사회적 현상이라고 본다. 에르베 르브라의 말처럼, 이 두 현상 사이에 통계적인 상관관계는 없지만, 고독이 참을 수 없는 것이 된다는 상황의 '유사성'이 있다. '민족전선' 지지는 산업사회의 붕괴뿐 아니라 모든 영역에서 사회성이 무너지는 현실에 대한 불만의 표현이다. 에마뉘엘 토드의 사회지리

연구에 의지한 르브라의 연구가 전해주는 정보 중 하나는 '민족전선'의 물결에 가장 잘 저항한 지역은 가족 구조가 단단하게 자리 잡은 지역이라는 사실이다.

오랫동안 대다수가 '명문가'였던 서남부 지역은 '민족전선'이 침투하지 못했다. 그에 비해 전통적으로 개인주의적 핵가족이 대다수인 동북부 지역에는 혼자 사는 사람이 압도적으로 많은데 여기서는 민족전선이 맹위를 떨친다.

뒤르켐은 시골 탈출에 의한 정신적 위기를 걱정했다. '익명으로 살아가는' 도시를 자살 원인의 하나로 봤던 것이다. 뒤르켐 이전에 오귀스트 콩트와 프레데리크 르플레도 이미 개인주의가 사회의 단결에 얼마나 해로운지를 강조하면서 당시의 개인주의를 비판했는데, 오늘날에도 이 진단을 똑같이 되풀이할 수 있을 듯싶다. 그래서 사회학자 세르주 포감은 『불확실한 세상에서 함께 사는 것』이라는 제목의 책에서 연결고리가 풀린 오늘날 사회의 문제를 분석한다.[11] "개인은 진정으로 그 자신이 아니다. 개인은 사회와 연결될 때에만 자신의 본질을 온전히 실현한다. 개인이 삶의 위험으로부터 자신을 보호하고 인간의 정체성과 존재의 원천인 인정 욕구를 충족시킬 수 있을 때에만 강한 사회적 결속력이 형성된다." 오늘날 중요한 사회적 문제는 바로 이것이다.

경제 불안은 사회 결속력 해체의 중요한 원인이다. "소득의 불안정성이 사회 통합 위기의 핵심 요인이다." 하지만 이런 위

제2부 타락한 시대

기보다 더 우려스러운 것은 가족 간이나 친구 사이나 다른 모든 사회적 관계가 불평등을 증폭시키는 쪽으로 나아간다는 사실이다. 포감이 파리 지역에서 조사한 연구 결과에 따르면, 중산층 임원의 자녀가 부모와 관계를 맺지 못하는 비율은 5퍼센트 미만인 데 비해, 노동자 자녀가 부모와 아무런 관계도 맺지 못하는 비율은 20퍼센트였다. 모든 것은 마치 경제적, 문화적 불평등이 '선택적인' 불평등에 의해 증폭되는 것 같다. 예컨대 파리 시내의 부유한 동네와 서민층 동네의 비영리단체 참여율은 2배나 차이가 난다.[12]

1972년에 출판된 획기적인 책 『앙티오이디푸스』에서 질 들뢰즈와 펠릭스 가타리는 이미 이런 사회 결속력 해체 문제를 다루었다. 그들은 자본주의가 일상생활에 대한 전념을 끊임없이 방해하고 있다고 설명했다. 자본주의 이전 사회에서는 엄격한 규칙이 삶의 모든 상황을 지배했지만, 자본주의는 그런 규칙을 계속 폐지하고 있다. 자본주의는 개인을 '영토에서 떼어 놓는다'. 농민은 땅을 떠나고, 노동자는 공장을 떠난다. 인간은 자신의 특성과 자질을 상실하고, 그냥 노동이 되어버린다. 이리하여 자본주의는 치유해야 할 불안의 세계를 만든다. 이들을 돌보기 위해서는 자본주의가 파괴한 것 대신에 국가, 정당, 가족이라는 '인공의 영토'를 만들어야 한다.[13]

이들은, 이때부터 개인이 두 개의 옵션을 갖게 된다고 설명한다. 첫 번째 옵션은 그것이 조국이든 돈이든 간에, 집단이 제공하는 집단적 가르침을 따르는 것이다. 욕망은 권력, 제도, 명예에 매달린다. "환심을 사려는 허영심이 관대하게 부여하고 있는 가치와 도덕과 조국과 종교라는 개인적인 확신들은 안정된 것들 속에서 안정을 취하고 있다고 여기는 사람들에게 세상이 만들어준 거짓 안식처일 뿐이다." 개인에게 열려 있는 두 번째 길은 평범한 사람과 '바라는 생산', 즉 예술가의 생산을 구분하는 '경계선을 넘어서' 돌파구를 여는 것이다. 넘어진 사람을 "우울과 원한에 빠뜨릴 수도 있는" 아주 예민한 구절이 아닐 수 없다. 들뢰즈와 가타리가 예측한 것은 아니지만 그들의 분석이 알려주는 것은 사회 전체의 변화가 아니라 산업사회의 포기가 낳은 엄청난 사회 분열이다. 새롭게 생겨난 '탈영토화'는 승자에게는 예술가와 같은 조건을, 패자에게는 원한을 남겨주었다.

5장

이주민 공포증

정신분석학자 자크 라캉은 1970년대에 "쾌락에 빠져 있는 상황을 들여다보면, 쾌락을 설정하는 것은 타인뿐이고 우리는 거기서 분리되어 있다"라는 수수께끼 같은 문장으로 인종차별주의의 부활을 예고했다. 그가 예고했던 순간을 고려해볼 때, 라캉의 말은 사전 예고 같은 것이었다. 외국인 혐오 열기가 고조되는 것은 인류 역사에서 분명 반복적으로 나타나는 현상이다. 1920년대와 1930년대에도 외국인 혐오는 이미 상당한 수준으로 달아올라 있었다. 당시 미국에서는 주로 아시아계를 향했지만 제2차 세계대전 이후 서방 국가에서 외국인에 대한 분노가 이 정도의 열기로 노출된 것은 오늘날 미국이 처음이다. 트럼프 이전의 레이건이나 부시도 이 정도는 아니었다.

놀라운 것은 오늘날 외국인 혐오증이 보편적으로 일어나고 있다는 사실이다. 세계 도처에서, 심지어는 경제 위기와 불평등으로부터 잘 보호되어왔던 스칸디나비아 국가들에서까지 외국인 혐오 색채가 강한 극우파 정당들이 생겨나고 있다. 이 새로운 외국인 혐오증은 라캉이 암시하듯이, 모든 사람에 대한 전면적인 혐오증 같다. 설문조사가 보여주듯이 '민족전선' 지지자들은 거리에서 만나는 사람이나 같은 층의 이웃이나 직장 동료, 심지어 자기 가족마저 신뢰하지 않는다![1]

트럼프와 그 지지자들의 외국인 혐오의 주된 대상은 멕시코인들이다. 영국에서 브렉시트 운동은 폴란드인을 타깃으로 삼는다. 프랑스에서 문제를 일으키는 부류가 무슬림일 것이라는 주장은 현상의 본질을 이해하지 못한 것이다. 유럽 전역에서 무슬림의 비율은 전체 인구의 3.6퍼센트에 불과할 정도로 소수다. 여기서는 다른 데서와 마찬가지로 그러리라고 추정하는 이주민 숫자와 실제 이주민 숫자 사이에 상당한 차이가 있다. 조사에 따르면 그러리라고 추정하는 이주민 숫자는 실제 숫자의 거의 3배에 달하는 것으로 드러났다.

그런데 이주민이 '실제' 경제에 미치는 영향은 어떨까? 이주를 받아들이는 나라의 노동계급에게는 어떤 영향을 미칠까? 첫 번째 역설은, 뜨거운 화제가 이민이긴 하지만 오늘날의 이민은 지난 세기에 비해 2~3배나 더 적다는 점이다! 1870년에서 1910년의 대규모 이민이 일어난 시기에 아르헨티나와 같은 국가는 75퍼센트 이상의 노동력 증가를 경험했다. 이 기간의 노동력 증가율은 캐나다와 호주에서는 40퍼센트에 달했고 미국에서는 21퍼센트였다. 이주를 떠나는 국가 입장에서 보면, 스웨덴은 성인 인구의 40퍼센트, 이탈리아는 거의 30퍼센트가 감소했다. 19세기 이탈리아나 스웨덴으로의 인구 유입은 미국보다 4배나 적었다.

현재 엘살바도르 노동자는 미국에 살고 있는 엘살바도르인 노동자보다 7배나 적은 임금을 받고 있다. 이익은 아주 크지만 그럼에도 이주는 훨씬 줄어들었다. 이제는 더 이상 이동 비용이 과거처럼 크지는 않지만 국경 통과 비용이 늘어나는 등 이주 비용의 성격도 변했다.

이주의 찬반을 논하는 경제 논쟁에는 어떤 의미가 있을까? 경제학자 란트 프리처트는 이주에 대해 강력한 찬성 쪽에 선다.[2] 그는 해밀턴과 왈리의 오래된 평가를 인용하면서, 사람들의 이동을 제한하는 모든 조치가 사라지면 세계 GDP는 2배로 증가할 것이라고 주장한다! 최근 세계은행에서 제시한 한 모델에서는 이주가 3퍼센트 늘어나면 국제무역 규제 조치를 철폐했을 때보다 5배나 많은 이익을 낼 것이라고 추정했다. 현지인에 대한 이주민의 영향은 어떨까? 경제학자들은 여기서 두 진영으로 나뉘고 있다. 버클리대학의 데이비드 카드 교수에 따르면, 이민자들은 현지 노동 상황에 영향을 주지 않으면서도 기존의 일자리 외의 일자리를 창출한다. 그는 1980년 마이애미에 12만5000명의 쿠바 이민자가 갑자기 유입돼 지역 노동력의

7퍼센트를 차지했지만 현지인들에게 아무런 부정적 영향을 미치지 않았다는 사례를 제시한다.[3]

그러나 카드의 논문은 그 자신이 쿠바 출신 이민자이자 하버드대학 경제학 교수인 조지 보하스의 비판을 받는다. 보하스는 이주민들이 현지인의 임금을 감소시킨다고 주장하면서, 카드가 갑자기 닥친 쿠바 이민자의 충격을 실제 받았을 일자리 현장을 제대로 조사하지 않았을 것이라고 반박했다.[4]

어떤 주장이 지지를 받았을까? 대부분의 경제학자는 다음과 같은 추론을 끌어내면서 카드를 지지한다. 이민자가 늘어나면 해당 일자리의 임금 수준이 떨어진다는 말은 맞다. 하지만 현지인들은 더 나은 보수의 일자리를 찾아 떠나기에 이주민들이 현지인들의 일자리에 미치는 영향은 거의 없다. 오랜 역사에 걸쳐 이주민을 통해 원주민 노동자는 사회적 신분 사다리에서 한 계단 올라갈 수 있었다. 일찍이 롱위 광산을 조사한 제라르 누아리엘은 갱도 노동자 100퍼센트가 이민자라는 사실을 지적한 바 있다. 반면 광석 관리 직원은 50퍼센트가 이민자였고 사무실에 근무하는 이민자는 0퍼센트였다.

마찬가지로 오늘날에는 사회에서 요식업, 경비원, 무역, 노인복지사와 같이 고객에게 아주 친절해야 하는 직업들이 이민자들의 몫이 되어가는 추세다. 원주민들은 원하지 않고 1세대 이민자들은 어디서나 기꺼이 감당하고 있는, 반면 2세대 이민자는 벗어나고자 하는 이런 일이야말로 흔히 '하찮은 일bullshit jobs'

이라 불리는 것이다.

그러나 이 논쟁의 주요 쟁점은 다음과 같다. 보하스에 따르면, 이민 물결의 잠재적 희생자는 기존에 자리 잡고 있는 흑인과 라틴계라는 것이다. 트럼프나 브렉시트가 보호하려 했던 것이 바로 이런 사람들이 아닐까?

이민자들을 공격할 때, 포퓰리스트들은 혐오의 실제 대상을 가린다. 그들을 억압하는 것은 자국의 가난한 사람들이다. 응집력이 붕괴된 사회에서 자신을 인식할 수 있는 거울을 내민 것이 그들의 실수다. 이민자는 그저 경제적 문제가 아니다. 르네 지라르가 말했듯이 위기에 처한 사회의 희생양인 이민자는 오늘날 폭력을 한 몸에 받는 동네북이 되어 있다.

1. 야만의 극치

(울티미 바르바로룸Ultimi Barnarorum)

"테오 반 고흐가 호소하는 소리가 들렸어요. '아니요, 그러지 마세요! 제발.' 소리치면서 울고 있었어요. 그가 자전거 길에 웅크리고 있는 것을 보았어요. 살인자는 아주 침착했는데 그게 정말 충격이었어요. 길거리에서 테오 반 고흐를 어떻게 그렇게 침착하게 죽일 수 있었을까요?"(2004년 11월 2일 테오 반 고흐 살인 사건, 48세 목격자 팀의 증언).[5] 26세의 모로코 출신 네덜란드인 모하마드 부바리의 냉정함은 목격자들에게 몹시 큰 충격을 안겨주었다. 그의 아파트에서는 미국 기자 대니얼 펄을 포함한 다른 살인 영상물도 발견되었다. 1978년에 있었던 이탈리아 정치인 알도 모로 살인 사건에 헌정된 레오나르도 샤샤의 책과 비슷한 이안 부루마의 『암스테르담에서의 살인』은 이렇게 시작한다.[6] 이를 보고 있으면 마치 1970년대의 극좌 테러 사건과 2000년대의 지하드 폭력이 서로 조응하는 듯하다. 하지만 이 사건들은 각각 그 시대 고유의 분위기를 반영하고 있다.

증조부가 빈센트 반 고흐의 동생인 테오 반 고흐로서 영화감독으로 활동하던 반 고흐는 루이페르디낭 셀린(1894~1961, 『밤 끝으로의 여행』작가)과 사드 후작을 좋아했다. 그가 좋아하는 영화는 입에 담기 힘든 외설스런 소리를 울부짖는 폭력적인 젊은이들에게 바친 스탠리 큐브릭의 「시계태엽 오렌지」라는 작품이다. 그의 공개적인 첫 비판의 대상은 정통 유대인이면서 홀로코스트 덕분에 부자가 된, 유대인 공동체 의장 레온 드 빈터였다. 반 고흐는 "가스실에서 황금색 별들이 뭉쳐지고 있었습니다"라고 비꼬았다. 그는 이어서 암스테르담 시장 욥 코헨의 나치 행각에 대해서도 비난한다. 9·11테러 이후 반 고흐는 도발적이고도 끈질긴 조사를 거쳐 반라의 여성 몸에 코란 구절을 새긴 「서브미션Submission」이라는 다큐멘터리를 찍는다. 무슬림들의 폭력성을 자극한 것이 바로 이 영화였다.

반 고흐 역시 네덜란드 극우파 정치인 핌 포르튀인에 빠져든다. 영향력이 상당했던 포르튀인은 관용의 이름으로 이슬람을 비난하는 것으로 유명했다! 그는 2002년 2월 이슬람을 향한 적대감에 대한 질문을 받자 이렇게 대답한다. "여성과 동성애자 해방의 역사적 과정을 되돌릴 생각은 전혀 없다. 그런 것은 케케묵은 캘빈주의자나 할 일이다." 포르튀인은 자신을 비롯한 수백만의 사람이 종교의 족쇄로부터 힘들게 벗어났다는 점을 강조한다. "다시 사회에 종교를 주입하는 이들이 나타났다."

원래 철학 교수였고 마르크스주의자였던 포르튀인은 동성애를 열렬히 옹호하면서 공공연히 스스로를 드러내길 좋아했다. "그는 자신을 연출하는 데 탁월했다. 보잘것없는 대학교수를 숭배하고 싶은 인물로 변신시킨 것이 바로 그의 걸작이었다." 그의 책 『베이비붐 세대의 자서전』은 베스트셀러였다. 포르튀인은 사우나실과 뒷방에서 행한 성적 경험을 공개적으로 밝히면서, 모로코 소년과의 성관계에 대해서도 자랑스럽게 떠벌리면서 무슬림 혐오를 즐겼다. 관용의 이름으로 불관용을 정당화하는 이런 방법은 유럽의 다른 극우파 정당, 특히 '민족전선'에 재빨리 영감을 주었다. 이 방법을 통해 극우 정당들의 일상적인 외국인 혐오는 새로운 외피를 걸칠 수 있었고 이를 비난하는 사람들의 사정은 복잡해졌다.

포르튀인도 살해된다. 살인범은 맹렬한 동물권리 운동가인 볼커 반 데 그라프라는 사람이었다. 네덜란드의 작가 이안 부루마가 아이러니하게 지적하듯이, 반 고흐와 포르튀인의 살인범이 모두 자전거로 도착했다는 사실은 이들 범죄에 '네덜란드의 풍미'를 더해준다. 부루마는 "포르튀인의 장례식은 다이애나의 장례식에 비교되었다. 다이애나와 마찬가지로 포르튀인은 키치 문화에 대해 분명한 영감이 있었다"고 전한다. 2004년 11월, 네덜란드를 빛낸 인물을 묻는 설문조사에서 오렌지공 윌리엄, 렘브란트, 에라스뮈스를 제치고 선두를 차지한 사람이 바로 핌 포르퇴인이었다. 스피노자는 명단에 오르지도 못했다.

합의와 타협의 센스로 유명한 나라의 여론조사에서 포르퇴인이 선두에 오르는 일이 어떻게 가능했을까? 네덜란드에서 분쟁은 대개 협상으로 해결된다. 세계가 레이건주의에 빠져 있던 1980년대에 일명 '간척지 모델'로 불리던 네덜란드 모델은 성공적인 협의 사례로 널리 알려졌다. 1982년의 소위 '바세나르 협정'은 노조와 고용주 사이의 협정을 통해 네덜란드가 다른 유럽 국가보다 더 빠르게 성장할 수 있는 길을 찾았다.

네덜란드, 특히 암스테르담은 외국인을 받아들이는 오랜 역사를 보유하고 있다. 세파라드 유대인들이 네덜란드로 대거 이주한 것은 16세기 말에서 17세기 초였다. 1671년에서 1675년에 걸쳐 거대한 유대교회당이 세워졌다. 루이 14세가 1685년 낭트 칙령을 철폐했을 때 프랑스 위그노들은 네덜란드에서 피난처를 찾았다. 부루마의 지적처럼 "계몽주의의 첫 시대가 스피노자라는 암스테르담의 세파라드 유대인 난민 아들의 생각에서 부분적으로 영감을 얻은 것은 우연이 아니다". 이런 문화를 좋아한 요한 드 비트와 코르넬리스 드 비트 형제는 이 사상의 후원자였다. 요한은 네덜란드의 황금시대인 1653~1672년에 재상이었고, 기하학 책을 쓴 수학자이기도 했다.

인본주의 전통으로 유명한 네덜란드가 극우파 이데올로기를 업그레이드시켰다는 사실은 심각한 문제라 할 수 있다. 하지만 모든 나라에는 각기 그림자가 있으며 네덜란드 역시 마찬가지다. 국민 소설에는 또 다른 측면이 있었다. 네덜란드 황금시대의 인본주의 영웅인 비트 형제는 1672년 헤이그에서 왕당파에 의해 조직된 망상에 휘둘린 군중에게 살해당한다. 형제의 죽음에 분노한 스피노자는, 집주인의 만류로 무산되었지만, '울티미 바르바로룸(야만의 극치)'이라는 제목의 팸플릿을 도시의 벽에 게시하려 했다. 『윤리학』의 저자이기도 한 스피노자의 열정이 과도하게 표현된 몇 안 되는 순간 중 하나라 할 수 있다.

17세기 사람들이 '가르치려는 사람'이라 부르던 엘리트를 미워하던 옛 네덜란드의 젊은 얼굴이 바로 포르튀인이라 할 수 있다. 그래서 이민을 꺼리는 것은 새로운 현상이 아니다. 경제위기와 함께 '무無에서 나온' 것이 아니라 오랫동안 잠재되어 있던 이민족에 대한 지속적인 증오의 표현이라는 뜻이다. 심리학자 샬롬 슈바르츠는 이런 기질이 되살아나는 메커니즘을 완벽하게 밝혀낸다. 그는 수많은 나라를 연구하면서 이런 기질의 영향이 시공간에서 놀랍도록 충분히 분포한다는 것을 보여준다. 단순하게 말하면, 언제 어디에나 이상주의자가 4분의 1 정도 있고, 파시스트 또한 4분의 1이 있다는 것이다. 그의 추론에 따르면 인간의 열정이 변하는 것이 아니고 그 열정이 표현될 수 있는 환경이 변한다는 것이다.[7]

더 나아가 여러 유형의 도덕적 감정 사이에 역사가 지름길을 만든다는 가설을 세워볼 수 있다. 정서를 네 가지 범주로 나누면 그 사이에 훨씬 더 많은 조합이 있을 수 있다. 극좌에서 극

제2부 타락한 시대

우로 이동한 포르튀인은 일반적인 반체제와 함께 특별하게는 이민자에 대한 반대라는 두 가지 유형의 보호책에 동조한 것이다.[8]

마찬가지로, 제2차 세계대전 대독협력전선이 파시스트와 기회주의자들 사이에서 합의를 이루어낸 것처럼 68혁명은 이상주의자와 쾌락주의자들의 동맹을 만들어냈다. 오늘날의 이민 혐오에 대해 말하자면, 경제 위기 이전에는 없었던 인종차별주의자들이 위기 때문에 생겨난 것은 아니라는 점이다. 경제 위기는 인종차별주의자들이 다른 세력과 동맹해 아무런 거리낌이나 부끄러움 없이 스스로를 표현할 수 있는 환경을 만들었을 뿐이다. 다른 세력과 동조함으로써 자신들의 생각은 아주 진부하고 평범한 것이 될 수 있었던 것이다.

2. 포스트모더니즘의 폭력

극우 정당은 이민자들이 우리와 다른 부분을 비난한다. 상대가 아름답기 때문에 사랑하는 것이 아니라 사랑하기 때문에 그 상대가 아름다운 사랑의 감정처럼, 인종차별주의는 우리가 아닌 것을 지칭함으로써 우리를 이해하기 위해 다른 것을 만들어낼 필요가 있다고, 르네 지라르는 여러 차례 설명한 바 있다. 그런데 냉엄한 역설은, 이민자들은 자신이 새로 정착한 사회에 통합되기 위해 할 수 있는 모든 것을 다 한다는 사실이다.

반 고흐와 함께 영화 「서브미션」을 찍었던 소말리아 출신의 네덜란드 젊은 정치인 아얀 히르시 알리는 그 힘든 작업을 훌륭한 것으로 만들고 있다. 히르시 알리는 불행의 늪에서 벗어나기 전에 오랜 역경을 거칠 수밖에 없었다. 이안 부루마가 이를 잘 묘사하고 있다. 어렸을 때, 그녀는 남자 친구의 손에 이끌려 무서운 불안과 죄의식 상태에 빠져들었다. 젊은이들이 아무런 부끄럼 없이 입맞춤을 한다는 사실은 그녀에게는 새로운 발견이었다. 우리의 성적 혁명이 진행된 속도에 대해 사람들은 거의 잊고 있다고, 부루마는 덧붙인다. 1954년까지 네덜란드 여성 공무원은 결혼하면 파면되었다.

아얀에게는 미니스커트를 입어 부모와 주변 사람들을 자극했던 반항적인 동생 하웨야가 있었는데, 그 동생이 강제 결혼을 피하려고 네덜란드의 언니 집으로 왔다. 하지만 "반항적인 삶이 그녀를 망친 것 같다"는 게 부루마의 해석이다. 네덜란드에서는 머리에 스카프를 썼지만 결국은 신경쇠약을 겪고 케냐로 돌아갔다. 그녀는 편집증, 그리고 거식증에 걸려 식음을 전폐하다가 1998년에 사망한다.

아얀의 여동생을 사로잡았던 것은 엄격한 종교 규칙이었다. 이런 종류의 욕망은 아버지 세계가 '서양 문화의 어지러운 유혹의 소용돌이'와 싸우는 방법이자 적응이며 일종의 향수였다. 좌표를 잃은 세상을 방황하던 지하드주의자는 역설적으로 기원으로 되돌아가 바로크 양식을 만들어냄으로써 부모 세대를 깜짝 놀라게 한다. 아이들이 지하드에 가입한 것에 대해 물어보면 부모들은 우선 매우 놀란다. 그들의 말은 한결같다. "그 애는 독실한 이슬람 신자도 아니었어요. 술도 마시고 나이트클럽도 갔어요. 알다가도 모를 일이에요." 이런 증언은 지하드에 가입한 아이들이 통합에 대해 진지한 욕망을 갖고 있었다고 보는 사람들의 주장과는 어긋나는 진술이다.

올리비에 로이는 지하드의 사회학을 아주 분명히 밝히고 있는데, 그들은 대부분 이민 2세대이며 4분의 1은 개종자들이라는 것이다. 처음에는 잘 통합되지만 가벼운 비행을 저지른 후 감옥에서 급진적인 사람들을 만난다. 여기서 그들은 다시 태어난다. 주색잡기의 혼잡한 삶을 거친 뒤 이들은 종교적 행동의 필요성을 난폭하게 표출한다. 종교로의 이행은 이슬람 사원이나 공동체의 틀 밖에서 이뤄진다. 또 지하드는 후원 세력에 의해 개인의 의무로 정의된다. "부모가 거절하더라도 지하드는 아이들에 의해 계속되어야 한다"는 것이다.

프랑스에서 지하드에 대한 토론은, 일부 젊은이의 급진화가 이슬람권에 영향을 주어서 이슬람이 저항에 나서게 되었다는 올리비에 로이의 주장과, 그 반대로 이슬람교가 수니파의 살라피즘[9] 영향으로 이렇게 급진적으로 변했다고 보는 질 케펠의 주장을 중심으로 진행되고 있다. 광범위한 국제 비교를 바탕으로, 이란 태생의 프랑스 사회학자 파라드 코스로카바르는 이 논쟁을 해결하는 데 아주 유용한 열쇠를 제공해주고 있다. 프랑스에서 '급진주의의 이슬람화'는 특히 교외의 젊은이들 사이에서 곧잘 생겨난다는 게 그의 생각이다. 그러나 영국, 네덜란드, 노르웨이, 덴마크 같은 나라와 공동체 구조가 잘 보존된 캐나다는 그렇지 않다. 이런 나라에서도 이슬람의 급진화가 지배적인 것은 사실이다.

코스로카바르에 따르면, 프랑스에서 "세속 문화와 공립학교는 북아프리카 출신 젊은이들이 이슬람 문화에서 벗어나는 데 도움을 주는데, 이 때문에 많은 이에게 이슬람은 신화화되고 더 매력적인 것이 되었다." 올리비에 로이가 1970년대 극좌파들의 행동과 지하드의 테러를 비교하게 된 것도 바로 이런 현상 때문이었다. 올리비에 로이에 따르면, 1970년대의 '붉은여단'과 일본의 '적군파', 영화 「바더 마인호프」의 바더 일당과 오늘날의 지하드 사이에는 연속성이 있다. 19세기 말의 무정부주의자들과 마찬가지로 이들은 모두 스스로를 위해 급진주의를 추구했다.

이슬람의 지하드 운동 주도자들은 10월 혁명이 좌파들이 일으킨 68년 사태에 영향을 미친 것처럼 종교가 환상적인 역할을 수행하고 있다고 본다. 「바더 마인호프」의 바더는 프롤레타리아가 아니다. 2015년 파리 바타클랑 극장 테러의 저격수들은 더 이상 독실한 신앙심을 지닌 무장 세력이 아니었다. 프랑스에서 두 번의 암살을 감행한 극좌파 그룹 액션 다이렉트의 생존자 장마르크 루이앙은 바타클랑 용사들의 용기에 대해 '감탄'을 표했다.

1970~1980년대에 여러 테러를 조직한 베네수엘라의 테러리스트 카를로스는 감옥에서 이슬람교로 개종했다. 바더의 멤버들은 나치와 공모했다며 부모들을 비난했다. 알제리의 아이들은 '민족해방전선' 시대가 어떻게 사회적인 굴종으로 끝날 수

있었는지 이해하지 못하고 있다. 모두 실패했다고 비난받는 부모들에게는 '자기 삶의 순교자'라는 칭호가 돌아갈 뿐이다.

3. 폭력의 세 번째 시대

지하드의 테러를 제대로 이해할 필요성을 제기하는, 1970년대와는 근본적으로 다른 중요한 현상은, 1990년대 초반부터는 시민 폭력이 도처에서 발생하는 경향을 띤다는 점이다. 하지만 1999년에는 폭력 사건이 1966년 수준으로 돌아왔으며, 2010년에는 더 떨어져 역사상 최저 수준에 도달했다. 1960년대의 폭력을 분석했던 바 있는 스티븐 핑커가 '재문명화 과정이 시작되었다'고 말할 정도였다! 살인 사건의 증가는 1960년대부터 30년 동안 지속되었지만 1990년대 중반부터 조금씩 증가하던 폭력 사태는 곧 잦아들었다.

이러한 폭력 감소 현상을 설명하기 위한 몇 가지 가설이 제기되었다. 큰 성공을 거둔『괴짜 경제학』의 저자 스티븐 레빗은 폭력 범죄 감소를 1970년대 낙태 합법화의 자연스러운 결과로 본다. 원치 않는 출생률 감소는 10대 어머니 밑에서 가난한 성장기를 보낸 청소년의 숫자를 줄여 범죄율도 감소시킨다는 것이다. 물론 오늘날 낙태 문제와 상관없이 전 세계 어디서나 폭력이 완화되었기 때문에 많은 사람이 이 가설을 믿는 것은 아니다. 더 체계적인 감금 정책이 원인이라는 참신한 생각도 결실을 맺고 있다. 평균 약 200만 명의 미국인이 교도소에 있는데, 이 숫자는 노동 인구의 6퍼센트를 차지한다. 문제는 교도소가 양날의 검과 같은 것이라서 재소자들을 급진적으로 만들 수도 있다는 것이다. 지하드주의자들이 이런 역설적인 효과의 좋은 사례다. 미국 흑인들은 수감되면서 편부모 가족을 만드는 좋지 않은 결과를 낳는다. 그렇다고 해서 죄를 묻지 않는 게 더 낫다는 말은 아니다! 하지만 범죄율 감소가 교도소 덕택이 아니라는 증거가 있다. 이런 정책을 도입하지 않은 캐나다에서도 미국과 똑같은 수준으로 범죄율이 낮아졌다. 1990년대에 재개된 경제성장이 범죄율 하락의 원인이라는 생각은 설득력이 떨어진다. 범죄율 하락 추세는 2008년의 대침체 기간에도 계속되었기 때문이다.

실제로 1960년대의 흐름과 정확히 대칭되는 흐름이 작동하는 것 같다. 그것은 그때 일어난 반문화의 비틀거리는 효과로 볼 수 있을 것이다. 당시 사회에 반응해 처음에는 폭력적이었던 이런 흐름은 선택의 영역이 넓어지면서 점차 성격이 바뀌었다. 소수자의 시민권 옹호 및 여성 폭력과의 투쟁, 한마디로 말해서 인종이나 성적 차이에 대한 존중은 개인들 사이의 폭력을 감소시켰다. 결국 사회의 평화는 1960년대가 스피커 역할을 했듯이, 타인에 대한 관용과 존중으로 이루어진 도덕의 확산에서 나오는 것이다.

사회학자 캐스 우터스는 폭력의 세 번째 시대를 거론한다. 첫 번째 시대는 17세기 유럽의 상황에 대해 홉스가 묘사한 것인데, 누군가 당신을 모욕하면 그 사람을 죽일 수 있는 상황이다. 두 번째 시대는 엘리아스가 묘사한 것으로, 국가가 합법적인 폭력의 독점권을 획득한 시대의 폭력이다. 오늘날 세 번째 시대는 감정 통제를 단념한, 즉 감정 통제가 해제된 시대의 폭력이다. 우리는 거리를 두고 폭력을 통제한다. 여성의 치마가 짧거나 남성이 저속한 단어를 사용하는 것은 더 이상 같은 의미를 갖지 않는다. 그것은 암시적인 것으로, 더 이상 도덕적 일탈이나 저속한 징후로 이해되지 않는다. 우리는 그 결과가 현실과 얼마나 어긋날지 걱정도 하지 않으면서 어제의 기준으로 놀고 있다. 감정 상할 걱정도 하지 않으면서 폭력의 코드를 갖고 놀 수 있을 정도로 우리 사회는 충분히 문명화되어 있다.

폭력 완화가 폭력이 사라졌음을 뜻하는 것은 아니다. 살인 사건 감소라는 긍정적인 통계에도 불구하고 젊은이들 사이의 폭력은 여전하다. 예컨대 젊은이들의 폭음은 그 어느 때보다 기승을 부리고 있다.[10] 파브리스 에틸레는 젊은이들의 라이프 스타일과 건강을 다룬 기사에서 젊은이들의 위험 행동과 그들의 사회적 기원이 갖는 연관성을 조사했다. 십대들은 감정적인 반응을 오랫동안 지속한다. 이는 그들에게 가해지는 상황이 신기하고 낯설기 때문이며 십대들은 이러한 자극에 더욱 민감하기 때문이다. 이는 슬라이딩 스포츠, 과속, 도둑질, 약물 사용 같은 위험한 행동을 좋아하는 욕구로 설명될 수 있다.(프랑수아 돌토의『청소년들의 동기』)

에틸레는 약물과 관련하여 사회 신분적인 차이는 어떻게 표현되는지를 알아보고 싶어했다. 담배 소비를 분석해보면 중산층 부르주아들은 십대 시절에는 위험도 높은 행동을 하지만 성인이 되면서 좀더 현명해진다는 것을 알 수 있었다. 서민층은 정반대 현상을 보이는데, 소외계층 출신의 젊은이들은 소득이 적은데도 늦은 나이까지 흡연하는데, 생계를 꾸리기 시작해도 담배를 끊을 가능성은 줄어든다. 경제학자 에틸레의 결론은 아주 단순하다. 서민층의 삶의 가치는 낮다는 것이다.

이런 비교는 1970년대의 폭력과 오늘날 폭력의 차이를 잘 보여준다. 1970년대의 테러리스트들은 오늘날에는 없는 보존 본능에 의해 유지되고 있었다. 당시의 테러리스트들은 자기 뜻에 따라 종종 완력으로라도 세상을 변화시키려는 상류층 출신이었다. 앨런 크루거는 이들이 다른 사람들보다 평균적으로 교육 수준이 높다는 것을 보여주는데, 심지어 억만장자도 포함되어 있었다.[11] 반면 지하드주의자들은 대부분 서민층이나 중산층 이하 출신들이다. 그들의 사회적 환경과 동기는 1970년대의

제2부 타락한 시대

테러리스트들과는 전혀 다르다. 종종 모든 합리성에 반하여 죽음을 추구하는 지하드주의자들의 허무주의는 서구 사회가 열망을 달성할 가능성이 전혀 없다는 완전한 신뢰 상실의 표현이다. 급진 좌파와 포퓰리즘 우파 사이에서 구별되는 반체제 시위의 이미지에서, 지하드주의자들은 1970년대 좌파들보다 FN의 지지자들과 더 비슷하다고 할 수 있다.

그러나 폭력이 계속 증가하는 영역이 있는데, 바로 문화계다. 이미 19세기에 '폭력 소설'을 읽는 것은 현실에서는 폭력이 감소하고 있지만 폭력의 공포와 매력을 갖고 노는 것을 뜻했다. 핑커가 말했듯이 펑크, 메탈, 고딕, 그런지, 갱스터, 힙합에 비하면 롤링스톤스는 오늘날의 구호단체 같은 모습일 것이다. 소셜 네트워크도 증오의 저수지가 된다. 사이버 범죄자들은 익명에 기대서 전혀 무해한 사이트도 공격한다. 과학 대중화를 지향하던 미국의 멋진 잡지는 증오에 찬 댓글이 넘쳐나자 사이트를 폐쇄해야 했다. 미국에서는 디지털 폭력인 소위 '사이버 괴롭힘cyberbullying'의 폭력으로 사상자가 숱하게 발생하고 있다. 심리학자 장 트웬지에 따르면 소셜 네트워크에서 공격을 당한 젊은이들의 3분의 2는 자살을 시도했다고 한다.

아랍어로 Daesh로 통하는 이슬람 국가is는 자비로 인터넷을 소유하고 있다. 그들이 찍은 영화는 비디오 게임으로부터 직접 영감을 얻은 것이다. IS의 신병 지원자들은 주로 서구 세계의 디지털 주민들인데, 이들에게는 낙원뿐 아니라 특히 디지털 상상 세계에 한 자리가 약속되어 있다. "오늘날 스크린은 문화의 성찰이 빠져 있는 이미지의 충동성을 촉진시킨다"고 안토니오 퀴네는 말했다.[12] 2016년 니스의 테러범은 트럭으로 사람들을 깔아뭉개기 직전에 셀카를 찍었다. 이것은 지하드주의자들의 또 다른 특성이다. 신앙과 전통을 주장하면서도, 그들은 비디오 게임과 소셜 네트워크 같은 초현대적 세계에 기반을 두고 있다. 그들은 필사적으로 이 두 세계 사이의 전환을 절망적으로 약속하고 있다.

제2부 타락한 시대

미래로 돌아가기

6장

21세기의 큰 희망

산업사회와 이 사회를 지탱하던 하부 구조가 무너지면서 디지털 사회가 도래하는 것은 피할 수 없는 현상이다. 디지털 사회의 거대 서사가 기대고 있는 신화는 1960년대의 이상理想에서 나온다. 페이스북을 만든 마크 저커버그는 스스로를 '1960년대 미국의 언더그라운드 문화와 네오 펑크 해커의 후계자'로 소개하길 즐긴다. 1970년대의 대학과 청년 문화는 정보혁명 확산의 강력한 플랫폼이었다. 정보혁명 개척자들에게 1970년대 문화는 자신들 이상의 지평에 실체를 부여하는 자유의 공간으로 비쳤다. 사회학자 마누엘 카스텔에 따르면, 미국 대학의 저항 문화 속에서 자란 대학생들이 부모 세대가 만든 세계의 표준화를 깨뜨릴 방법을 찾았던 것도 바로 1970년대가 열어준 그 지평 위에서였다. "대학은 확산과 사회 혁신의 핵심 요인이었다. 대학에서 청년들은 새로운 사고와 새로운 행동과 새로운 소통 방식을 발견하고 택한다." 역사학자 프랑수아 카롱은 "1970~1980년대 사회의 기술화가 달성한 것은 바로 1960년대의 반체제 쾌락주의다"라고 말한다.

산업사회의 틀을 뛰어넘어 모두가 고유한 능력을 가질 수 있는 탈계급 사회라는 자유로운 이상은 1960년대의 유산이라는 데 이론의 여지가 없을 것이다. 이런 이상은 마침내 인간화된 사회라는 새로운 세계의 도래를 지지하고 있다. 경제적인 측면에서 보자면, 이 새로운 세계는 레비스트로스에 대한 사르트르의 복수와도 같을 것이다.[1] 이런 기대는 시간을 더 거슬러 올라가서도 볼 수 있다. 장 푸라스티에는 1948년부터 저서 『20세기의 큰 희망』에서 이런 생각을 잘 설명하고 있다.[2]

땅을 경작하던 농경사회와 물질을 다루던 산업사회 다음에 온 서비스 사회에서 인간은 마침내 인간 자신을 계발하게 될 것이라고 푸라스티에는 주장한다. 이 새로운 세계의 중심에는 교육, 건강, 여가가 자리 잡는다. 푸라스티에는 "이 세 번째 문명은 화려할 것"이라고 예언했다. 인구의 절반이나 4분의 3이 고등 교육 혜택을 받게 되리라는 것이다. 하급직에도 주어지는 일의 재량권과 교통수단과 휴가의 형태도 다양해지는 환경은 개인주의 성향을 더 부추길 것이다. 이리하여 푸라스티에는, 인간이 새로운 시대의 철학을 만드는 데 진정으로 매진할 수 있고 또 이런 철학의 극적인 탄생을 완성하기 위해 가벼운 모호함 속에서 노력할 수 있게 해주는, 충분히 진전된 시대가 다가오고 있다고 결론 내린다. 기계는 인간을 대신해서 할 수 있는 일로부터 인간을 해방시키고, 인간은 인간들 사이에서 인간만이 성취할 수 있는 지적 문화와 도덕적 성장을 향하게 된다. 출간 당시 레옹 블룸은 이 책을 아주 높이 평가했다.

'인간화된' 사회로의 전환에 대해서는 많은 전문가의 지적이 뒤따랐는데, 여기서 중요한 문제가 확인되었다. 그것은 바로 이런 세상은 '성장 없는 세상'이라는 것이다. 푸라스티에로서는, 더 이상 기계에 점령당하지 않게 될 이런 서비스 사회에서는 더 이상 경제성장이 없으리라고 봤다. 새로운 기술이 없으면 임금 정체는 불가피해진다. 한 명의 환자를 돌보는 의사나 강의를 하는 강사나 극장에서 연기하는 배우 같은 서비스 사회의 전형적인 일자리는 모두, 한 사람의 서비스 제공자가 더 많은 사람을 만날 수 있게 해주는 '규모의 경제'라는 한계에 부딪힌다. 규모의 경제는 경제 분석의 기본적 개념이다. 비용 상승이 없거나 아주 적게 상승하면서 생산량을 늘리려는 것이 바로 기업이기 때문이다. 규모의 경제가 일어날 때 '선순환'이 가능해진다. 고객이 증가할수록 더 번성하기 때문인데, 만약 그렇게 되지 못하면 기업은 일정 규모에서 정체되고 만다.[3] 규모의 경제가 제대로 작동하려면 생산력을 결정적으로 늘리는 새로운 기술이 필요하다.

영화관이나 텔레비전은 배우가 더 많은 관중 앞에서 공연할 수 있게 해준다. 디지털 혁명이 서비스 사회 전체에 같은 종류의 솔루션을 제공하고 있다고 할 수 있다. 나의 맥박, 체온, 적혈구 숫자를 손목시계로 분석하면서 내 건강에 대한 '맞춤형' 솔루션을 알고리즘으로 개발할 수 있다. 그러므로 탈산업 사회의 중심에 있는 것도 사람이지만, 오늘날 사회의 끊임없는 성장 갈증을 해소하기 위해서는 미리 디지털화되어야 하는 것 또한 사람이라 할 수 있다.

1. 나의 로봇이 나를 사랑하게 될 날

2020년을 배경으로 하는 영화 「그녀」는 아내에게 버림받은 남자가 인공지능AI과 사랑에 빠지는 이야기를 전하고 있다. 2013년 스파이크 존스 감독이 만든 이 영화는 뼈와 살로 된 육체의 세계가 알고리즘으로 용해되는 디지털 혁명을, 시적이면서도 익살스럽게, 그리고 느린 속도로 들려주고 있다.

영화의 성공은 이 놀라운 이야기를 신뢰하게 만드는 주도면밀한 연출 메커니즘에서 나온다. AI의 대사는 유명한 영화 「사랑도 통역이 되나요?Lost in Translation」와 「매치 포인트Match Point」의 주연 배우 스칼렛 요한슨의 매혹적인 목소리가 대신하고 있다. 그녀는 사랑의 말을 속삭이고 도시를 걸어다니며 매혹적인 이야기를 통해 호아킨 피닉스를 유혹한다. 육체적 욕구가 절박해지면 스칼렛은 다른 여자를 구해 자기 대신 사랑을 나누게 한다. 그 여자는 침묵을 지키며, 말을 하거나 사랑을 호흡하는 것은 스칼렛이다. 호아킨은 여자친구가 AI라는 사실을 사무실 동료에게 고백하면서 그 동료의 약혼녀와 함께 피크닉에 함께 가자는 청을 거절하지 못한다. 동료의 약혼녀가 스칼렛에게 '몸이 없어서 좋지 않죠?'라고 묻자, 스칼렛은 곧바로 이렇게 받아친다. "아니, 재밌어요. 오히려 제가 궁금해요. 당신은 언젠가 죽는다는 걸 알고 있다는 게 힘들지 않나요?" 어색해진 분위기를 바꾸려고 크게 웃으면서 스칼렛은 이렇게 덧붙인다. "미안해요. 제가 정말 서툴러서……."

이야기는 스칼렛이 동시에 수백만의 연인과 함께 지낸다는 것을 호아킨이 알게 되면서 끝난다. 이 배신은 호아킨으로 하여금 사랑하는 이들이 흔히 경험하는, 나와 그이만의 유일한 사건을 경험하리라 기대하고 있었다는 것을 갑자기 느끼게 해준다. AI는 생명체가 아니라서 사람이 아닌 게 아니라, 어떤 사람이든 간에 다른 이에게 집착하지 않기 때문에 사람이 아닌 것이다. 영화의 마지막에서 스칼렛은 호아킨을 떠난다! 사이버 공간에서 인간보다 훨씬 더 흥미로운, AI 공동체를 만들어낸 우수한 AI를 만났기 때문이다. 스칼렛은 호아킨을 유한하고 불완전하며 미완성인 존재의 고독 속에 내버려둔다.

아주 그럴듯한 가능성에 대해 대단한 분석을 하고 있는 이 영화는 오늘날 세계에 대한 멋진 패러디라 할 만하다. 수백만의 연인을 거느린 스칼렛이 그 열쇠인데, 정보혁명은 개인들 사

　　　　　　　　　제3부 미래로 돌아가기

이의 관계의 효과를 엄청나게 증대시킬 수 있다는 것이다. 정신분석학자 세르주 티세롱은 이 영화의 깊이를 보여주는 흥미로운 책을 썼다.[4] 기술적 측면에서 볼 때, 감정을 나타내는 AI가 이미 있다는 것이다. 안면인식 연구의 선구자 중 한 사람인 미국의 심리학자 폴 에크먼은 컴퓨터가 인간의 감정을 추적할 수 있는 'Emotient Inc'나 'Affectiva Inc' 같은 회사에 영감을 주었다. 당신의 얼굴과 호흡 리듬을 기록하는 AI는 "걱정하시는 것 같은데, 부인이 돌아오지 않아서 그러십니까?"라고 말할 수도 있다.

스칼렛처럼 로봇은 대화 목소리를 조정할 수 있다. 호아킨이 기분이 좋을 때 그녀의 목소리도 그와 비슷해진다. 그녀는 상대방의 관심에 맞춰 모든 면, 모든 상황에서 순수하게 동조하는 목소리를 낸다. 티세롱은 이렇게 결론 내린다. "이 영화는 그의 내면에만 고정되어 있을 수 있는 기계와 직면한 인간의 외로움에 대한 비유다. 기계는 오로지 자기 자신과만 대화하기 때문이다."

흥미롭게도 로봇은 '상대적으로' 예측할 수는 없지만 항상 받아들일 수 있는 반응을 준비하고 있어 사람의 마음을 끌 것이다. 로봇은 사람들이 느끼는 대인관계의 일상적인 실망으로부터 벗어나게도 해줄 것이다. 그래서 로봇은 '타인 혐오의 우군'이 될 수 있다. 사드가 묘사한 타인들에게 절대적 지배권을 행사하고 싶은 환상은 자유롭게 표현될 것이다. 모든 사회생활은 자신의 감정을 승화시키거나 은폐하는 데 달려 있는데, 로봇은 감정 조절에 큰 도움을 줄 것이다.

　로봇이 언제 우리와 비슷한 감정을 가질 수 있느냐가 아니라, 우리 인간이 로봇에게 애정을 줄 준비가 되어 있느냐가 문제일 것이다. 만사는 그런 방향으로 전개되는 듯하다. 미군은 지뢰밭을 안전하게 통과하기 위해 로봇을 이용하고 있다. 로봇이 군인의 생명을 구할 때부터 어쩔 수 없이 군인은 로봇에 매달리게 되고 때로는 로봇을 회수하려고 위험에 뛰어들기도 할 것이다. 로봇과 연을 끊어보려고 애써도 잘 되지 않는 것은 우리가 계속 로봇을 사용하고 싶어할 것이기 때문이다.

　정신분석학자 도널드 위니콧이 제안한 바에 따르면, 그가 '중간 대상'이라 부르는 담요에 대한 어린아이의 애착 증상에 대한 분석은 여기서 작동하고 있는 정신의 메커니즘을 잘 보여준다. 담요나 곰 인형 같은 물건은 '아이가 어머니에게 모든 것을 기대하는 순간과 완전히 만족하지 못하는 것을 받아들이는 순간 사이의 중간단계'를 가능하게 해준다. 대체로 아이가 담요에 애착하는 것은 어머니나 어머니를 대신하는 사람과의 독점적인 관계를 포기해야 한다는 것을 처음으로 받아들일 때까지 지속된다. 나이에 따라 사물과의 관계도 변하는 것 같다. 생의 여러 단계에서 사물들은 우리 행동 그리고 타인에 대한 우리 관계에 은밀히 동조하게 된다. 우리의 전부나 일부를 안전하게 위탁할 수 있을 정도로 어떤 대상을 완전히 통제할 수 있게 해주는 로봇이, 일요일마다 깨끗하게 청소해주는 자동차 같은 지위를 얻지 못했다는 것은 티세롱이 볼 때 매우 놀라운 일일 수 있다. 티세롱은 '주변 환경 전체에 자신과 비슷한 의도나 감정, 심지어 생각까지도 부여하는 사람들의 보편적 경향' 때문에 로봇에 대한 집착 역시 강화되고 있다고 덧붙인다.

오랫동안 '정령 숭배자'였던 인간은 동물과 숲이 신의 몸과 서식지라고 믿어왔다. 신석기 혁명과 농업의 발견을 거쳐 동물도 가축화되고 땅도 경작할 수 있게 되었다. 목축과 목초지를 축복하는 새로운 신을 숭배하기 위해 인간은 신을 바꿔야 했다. 인간은 이제 자신이 만든 기계에 자신의 영혼을 불어넣고 싶은 유혹을 받게 될 새로운 정신혁명에 올라탔다.

2. 호모 디지털리스

지금 우리가 경험하고 있는 이 혁명은 원래 미국방위고등연구계획국DARPA의 프로젝트에서 시작되었다. 방위고등연구계획국은 1969년, 소련의 위험으로부터 미국의 전송 시스템을 보호하기 위한 혁신적인 통신 네트워크를 설립한다. 이 네트워크는 국방부와 계약을 맺은 대학교수들에 의해 점차 사용되었다. 1978년 국방부 서버 외부에서 무료로 접속하려던 시카고대학의 두 학생이 만든 모뎀 덕분에 이 네트워크는 공공 영역으로 나오게 된다. 1년 뒤인 1979년에는 듀크대학과 노스캐롤라이나대학의 학생 3명이 간단한 전화선으로 컴퓨터를 연결할 수 있는 수정된 유닉스Unix 버전을 개발한다. 광학 전자장치의 발전으로 디지털 패킷 전송기술이 시작되었다. 지구상의 모든 컴퓨터를 하나의 전화선으로 연결하는 이 같은 진화에서 인터넷

제3부 미래로 돌아가기

이 나왔다.

　디지털 세계의 변화가 몰고 오는 속도에 사람들은 매료되지 않을 수 없었다. 1989년 팀 버너스리와 로버트 카일리아우는 월드와이드웹www의 구조를 정의했고, 1994년 제프 베조스는 아마존을 만들었으며, 1997년 IBM의 컴퓨터 딥블루는 세계체스챔피언인 가리 카스파로프를 물리쳤다. 1998년에는 세르게이 브린과 래리 페이지가 구글을 설립했고, 1999년에는 와이파이가 인터브랜드에 의해 시작됐으며, 2000년에는 빌 클린턴에 의해 GPS의 민간 목적 사용이 승인되었다. 2003년에는 인간 게놈의 완전한 서열 분석이 완료되었고, 2005년 자웨드 카림은 '동물원의 나'라는 동영상을 올리면서 유튜브를 만든다. 2006년에 잭 도시는 자신이 만든 기술인 트위터로 첫 트윗을 보내고, 그때까지는 학생들에게만 열려 있던 페이스북이 무료로 개방된 것도 같은 해다. 2007년 스티브 잡스는 아이폰을 발표했으며, 2010년에는 아이패드를 발표한다. 2012년에는 마비된 사람이 생각만으로 로봇의 팔을 움직일 수 있게 해주는 신경 임플란트가 나왔고, 2018년에는 사지 마비 환자가 생각만으로도 외골격을 활성화하여 걸을 수 있도록 도와주는 임플란트가 뇌에 이식되었다.[5]

　2016년에는 구글의 자회사인 딥마인드가 개발한 알파고가 세계 최고 바둑기사 중 한 명인 한국의 이세돌을 이겼으며 1년 후에는 바둑 세계 챔피언 커제를 이겼는데, 이 게임은 3억 명에 달하는 세계의 바둑 기사가 지켜보았다. 이 AI는 완전히 정석에서 벗어난 특이한 행보로 승리를 거둔다. 이 행보에 충격을 받은 챔피언은 다음 돌을 두기 전에 마음을 추스르기 위해 방을 떠나야 했다. 바둑은 중국에서 회화, 서예 및 진나라 음악과 함께 네 번째 필수 예술로 여겨지고 있다. 바둑의 수에는 우주의 원자보다 무한히 더 많은 조합이 있다. 인공지능이 언젠가는 최고의 바둑 선수를 이기리라는 예측은 하고 있었지만, 그렇게 빨리 이기리라고는 아무도 생각하지 못했다. 놀라움은 여기서 멈추지 않는다. 알파고 제로는 이전의 AI를 능가하는데, 정말 놀라운 것은 AI 혼자서 세세한 바둑의 전략을 학습한다는 것이다.

인공지능의 진보는 인간 두뇌의 신경망 구조를 모방할 수 있는 발견에 뒤이어 중요한 단계를 넘어섰다. 알파고 제로의 성공의 원천이 바로 이 방법이다. 1세대 AI와는 달리, 기존 데이터베이스에서 최고의 묘수를 찾기 위해 기사들의 기보를 기록하는 것이 알파고 제로의 본질이 아니다. AI는 처음에는 초보자처럼 스스로 배우다가 지금은 자신의 '시냅스'와 자체 메모리를 사용해 경험을 쌓으면서 실력을 향상시켜 사람을 능가하게 되었다. 예전에는 아무도 생각하지 못한 이런 전략 덕분이다. 이 방법은 이미 최고의 전문가들보다 피부암을 더 잘, 그리고 더 빨리 찾아낼 수 있게 해준다. 그뿐만이 아니다. 지금까지 알려지지 않은 태양계와 매우 유사한 2500개의 외계 행성을 발견하도록 해준 것도 이 방법이다.

인공지능이 그 작동 방법을 복사하려는 인간의 뇌에는 우리 은하계 별의 숫자와 같은 약 1000억 개의 뉴런이 있다. 각각 서로 다른 주파수와 강도로 작용하는 뉴런은 '시냅스'라 불리는 접합부를 통해 수천 개의 다른 뉴런과 연결된다. 사용되지 않은 접합부는 제거되지만, 반대로 두 개의 뉴런이 동시에 작동되면 둘을 연결 짓는 링크가 만들어지면서 강화된다. 뉴런의 숫자보다는 뉴런 사이의 연결 상태가 더 중요하다.[6] 우리 삶에 산재해 있는 뉴런 연결의 흔적을 간직하는 것이 바로 우리 기억과 개성의 기반이다.

딥러닝으로 불리는 인공지능은 인간 두뇌의 신경망에서 영감을 얻었다. 예컨대 바둑 게임에서 승리하는 것처럼, 이기는 전략을 찾아내면 그때마다 컴퓨터는 이길 수 있는 연결을 기억해서 사람처럼 경험치를 구축할 수 있게 된 것이다. 오늘날 페이스북에서 일하고 있는 이 분야의 선구자 중 한 명인 프랑스인 얀 르쳰은 수표서명 자동 인식 시스템의 신경망을 개발했다. 2012년 국제 이미지인식경연대회에서 딥러닝을 사용한 캐나다 물리학자 제프리 힌튼은 구글에 스카웃되어 구글 브레인 프로젝트를 진행하고 있다. 이때부터 많은 연구원이 여기에 투입되기 시작했다. 2014년에 페이스북의 '딥페이스Deep Face 프로젝트'는 서로 다른 두 장의 사진을 이용해 인물을 식별하는 데 97.35퍼센트의 성공률을 보였는데 이는 인간과 동일한 수준이다. 세계에서 가장 큰 사진 데이터베이스를 갖고 있는 페이스북은 이제 우리가 최근에 보지 못한 친구를 아주 높은 성공률로 찾을 수 있게 해준다.

이 혁명은 우리를 어디까지 끌고 갈까? 유발 하라리의 『호모 데우스』라는 책 제목처럼, 다음 단계는 인간 지능과 AI 지능을 융합시켜 죽음을 이겨내고 신이 된다는 것이다! "사이보그는 생체 신체와 비생체 기구들로 융합될 것이다. 손은 생체이지만 인공 눈이나 혹은 혈관을 탐색하면서 문제를 진단하고 손상을 복구하는 수백만 개의 나노 로봇과 같은 무생물의 장치들이 사이보그를 이루게 될 것이다." '신의 행세를 한다'고 비난받는 유전 정보를 상품화하는 바이오 벤처 기업 셀레라 제노믹스의 설립자인 유전학 전문가 크레이그 벤터는 "우리는 신의 행세를 하지 않는다"고 말했다. MIT에서 구글로 간 미래학자 레이 커즈와일은 이런 아이디어를 극단적으로 밀고 나간 사람으로 유명하다. 그는 2045년이 되면 생명체가 실리콘과 병합되면서 인류에게는 그야말로 급속한 변화가 일어날 것이라고 예고한다!

디지털 유토피아

래리 페이지, 일론 머스크, 피터 틸은 이 새로운 세계의 개척자가 되고자 하는 억만장자들이다. 이들은 미래학자

한스 모라벡으로부터 영감을 받은 디지털 이상주의자들이다. 모라벡은『마음의 아이들』에서 인류가 스스로 만든 지능형 기계에 의해 쫓겨나는 세상을 예측한다. "생물학적 진화의 큰 제약에서 벗어나 있는, 우리가 만들어낸 이 아이들은 세상에 맞서 도전할 수 있을 것이다. 우리 인간은 이들이 애를 쓰는 약간의 시간은 즐길 수 있을 테지만, 생물학적 아이들처럼 이 아이들도 조만간 자신의 몫을 찾게 될 것이고 우리 노부모들은 곧 사그라질 것이다."

AI 전문가인 맥스 테그마크 MIT 물리학 교수는 인공지능으로 변하는 세상의 모습을 제시한다. 그의 책『라이프 3.0』의 프롤로그에서 테그마크는 '프로메테우스'라는 AI가 세상을 정복하는 단계를 설명한다. 혁신 기술이나 소프트웨어를 회사나 개인에게 판매해 우선 부자가 된 다음 이 소프트웨어를 주식시장에 투자해 다른 투자자들보다 더 높은 실적을 올린다는 것이다. 프로메테우스 AI는 자신이 만든 배우들과 함께 영화를 제작할 수 있다. 인공지능은 현존하는 모든 영화의 데이터베이스를 분석하고 비평을 연구함으로써 완벽한 영화를 만들 수 있다. 이 AI는 대형 언론사를 사들여 세금 감면, 국경 개방, 군사비 지출 감소를 지지하고 '언론 자유'를 주장하는 기사를 대량 유포할 수 있다. 그리하여 이 AI는 이 세계와 그 이념의 주인이 될 것이다.

역시 모라벡으로부터 영감을 받은 테그마크에 따르면, 우리는 현재 세 번째 지능 시대로 향하고 있다. 그가 '라이프 1.0'이라 부르는 첫 번째 시대는 40억 년 전 지구상에서 '지능형' 박테리아가 환경 정보를 얻을 수 있게 되면서 반응을 최적화하게 되었다. 하지만 그것들은 진화 능력이 없었다. 그것들의 하드웨어, 즉 DNA는 모든 가능성을 고정시켰다. 그런 다음 수십만 년 전 인간들의 '라이프 2.0'이 나타난다. 이들의 하드웨어는 그리 정교하지 않은 DNA로 구성되어 있다. 하지만 여기에는 영화를 다운로드하는 것과 같은 기가바이트 정도의 정보가 들어 있다. 인간 지성의 강점은 사용하는 시냅스 덕분에 불어나 수학도 배울 수 있는, 무한한 양의 정보를 저장할 수 있다는 것이다. 인간의 하드웨어는 고정되어 있지만 언어, 작문, 인쇄, 과학, 컴퓨터, 인터넷과 같은 '소프트웨어'는 상당한 유연성을 갖고 있다. 이런 소프트웨어들은 인간의 집단 지식을 기하급수적으로 축적할 수 있게 해준 기술 혁신이었다.

인간에 의해 축적된 지능이 무엇이든 간에 이는 생물학적인 '하드웨어'에 의해 제한되어 있다. 아무도 백만 년을 살 수 없고, 위키피디아를 마음껏 배울 수도 없다. 테그마크에 따르면 라이프 3.0은 바로 이런 한계를 없앤다. 소프트웨어가 하드웨어의 정의를 다시 내릴 수 있고, 지능은 인체에서 실리콘으로 이동할 수 있다. 그는 컴퓨터가 인간의 뇌보다 더 잘하는 것을 막는 물리 법칙은 없다고 덧붙였다. 현존하는 가장 강력한 컴퓨터인 선웨이 타이후 라이트 슈퍼컴퓨터에는 이미 인간 두뇌를 계산하는 능력이 있다. 3억 달러에 달하는 이 슈퍼컴퓨터는 현재로서는 사람보다 더 비싸다.[7] 그러나 테그마크에 따르면, 양자 컴퓨터를 포함해 물리법칙에서 고려할 수 있는 것을 확대 적용하면 계산 비용을 10의 33승만큼 떨어뜨릴 수 있다. 하지만 애석하게도 현재 속도로 이런 계산 값에 도달하려면 적어도 2세기를 기다려야 한다!

인공지능은 이미 인간을 대적할 수 없다고 여겨지는 두 가지 영역인 인식과 인지 영역에서 상당한 진전을 이루었다. 음성 인식과 텍스트 번역 기능은 많이 발전했다. 이를 확인하려면 중국어로 번역할 텍스트를 제공한 다음 중국어에서 프랑스어로 번역해보면 알 수 있다. 여전히 몇 가지 실수는 있지만 그 효과는 뛰어나다. 사진 인식 오류는 2010년 30퍼센트에서 2017년에는 2.2퍼센트로 감소했다. 이 소프트웨어는 이제 컴퓨터과학의 성배와 같았던 고양이까지도 개별적으로 구분하여 인식할 수 있게 되었다. 이런 충격적인 변화는 지구에서 생명체가 급증했던 5억 년 전 캄브리아기의 대폭발과 몹시 유사하다. 시력이 그 원인일 수도 있을 것이다. 기계가 다른 기계와 자신의 지식을 보고 또 공유할 수 있다면, 분명히 혁명적인 변화가 일어날 것이다.

환상이 현실보다 우세한 지점은 항상 있다. 하지만 트랜스휴머니즘이 인간과 기계를 합쳐서 죽음을 이길 수 있다고 주장하는 것은 대다수 과학자가 동의하지 않는 어떤 경계를 넘는 것이다. 뇌 전문가인 다니엘 트리치와 장 마리아니에 따르면, 좋은 건강 상태에서 죽겠다는 진지한 희망은 있을 수 있지만 노화는 피할 수 없다.[8] 뉴런의 문제는 사실 그것이 새롭게 갱신되지 않는다는 것이다. 뉴런은 모두 개별적으로 나이를 먹으면서 각자의 파란만장한 삶을 따라간다.[9] 지금의 추세라면 2070년 남자의 평균 수명은 90세, 여성은 93세가 될 것이다. 우리가 훨씬 더 잘할 수 있다고 생각하는 작은 이유가 있다. 1980년대 이래로 최고령 노인의 숫자는 정체되어왔으며, 잔 칼망 할머니의 122세 기록은 아직 깨지지 않았다. 2014년 110세 이상 인구는 여성이 77명, 남성이 2명이었는데 그 수는 더 이상 증가하지 않고 있다. 마리아니와 트리츠크는 "트랜스휴머니즘은 기만이다. 우리 주변의, 장점도 있지만 단점투성이이기도 한 이들이 여전히 아름다운 날들을 맞고 있다"고 결론 내린다. 철학자 프랜시스 울프는 같은 내용을 시적으로 표현한다. "우리는 죽기 마련이다. 무서울 것은 없다. 그러나 인류는 죽지 않아야 한다. 남아 있는 희망을 동원해야 하기 때문이다."[10]

여기서 즉각적으로 떠오르는 의문은 사람이 기계가 될 수 있느냐가 아니다. 죽는 것을 걱정하는 영화「블레이드 러너」의 로봇처럼 로봇이 인간의 감수성을 가질 수 있는가다.[11] 문제는 로봇이 인간보다 더 좋고 더 효율적으로 할 수 있는 게 무엇인지 알아내는 것이다. 계산 능력에 있어서 이미 AI는 인간 지능보다 월등히 뛰어나며, 100만 분의 1초에 인간이 처리할 수 있는 것보다 더 큰 숫자를 연산할 수 있다. 그러나 신기술 사용자인 고객도 감수성을 가진 인간이기 때문에 인간이 없어서는 안 될 영역도 많다. 결국 이 모든 문제는 인간과 기계의 일을 어떻게 분담할지 논의해서 합의를 구하고, 생산세계를 인간화해야 한다는 약속이 인간과 인간의 창조물 사이의 새로운 대결에서 어느 정도 온전히 나타날 것인가를 이해하는 데 달려 있다.

3. 로봇과 악마

'로봇'이라는 말은 체코의 SF 작가 카렐 차페크가 인간과 구분되지 않는 기계를 일컫기 위해 1924년 처음 썼던 말이다. 하버드대학 교수이자 노동 시장 전문가인 리처드 프리먼은 「로봇을 가진 자가 세상을 지배한다」라는 제목의 논문을 발표하는데, 여기서 그는 노동계가 급격히 변하면서 로봇 소유자가 점점 더 많은 수익을 갖게 될 것을 예고한다. 이때 인류 역사상 가장 오래된 질문이 갑자기 제기된다. 기계가 인간의 고용을 파괴할 것인가, 만약 그렇다면 인간은 어떤 일을 전문으로 하게 될 것인가가 그것이다.

소프트웨어의 성과는 현기증을 느낄 정도다. 이제 엄지와 집게손가락 사이에 쌀알 크기의 칩을 집어넣고 있으면 알츠하이머 환자를 원격 추적할 수 있고, 환자는 로봇에 의해 식별될 수 있게 되었다. 한 손이 절단된 환자가 팔뚝 신경에 전극으로 보철물을 연결시킨 후 접촉감을 테스트하고 있을 정도다. 구글의 신경망 기계 번역은 현재 몇 년 전에는 생각할 수 없을 정도로 정확해졌다. 인공지능의 동시번역 시스템 덕분에 이어폰을 끼고 중국인과 대화도 할 수 있게 되었다. IBM의 인공지능을 갖춘 사무보조원인 왓슨은 위키피디아의 정보를 전하면서 변호사나 교수를 비롯한 점점 더 많은 직업인에게 조언을 해주고 있다. 인공지능은 종양 환자의 의료 기록을 이미 전문가들보다 더 효율적으로 잘 분석하고 있다. 현재 이용되는 또 다른 응용 프로그램인 '제니 MD'는 전문가를 만나기 전에 환자가 자기 몸을 전반적으로 관리할 수 있는 자가진단 기능을 제공해주고 있다. 자동차 제조업체는 모두 자율주행차 연구에 참여하고 있다. 제너럴모터스는 IBM과, 포드사는 구글과 양해각서를 체결했다. 도요타 역시 2020년까지 믿을 수 있는 모델을 출시한다는 목표로 이 경쟁에 참여하고 있다. 미국에서는 자율주행차가 410만 명의 트럭 운전사의 일자리를 위협하고 있다.

기계가 사람을 대신한다는 걱정은 전혀 새로운 것이 아니다. 프랑스 인구 학자 알프레 소비는 『기계와 실업』에서 끔찍한 상황을 보여주고 있다.[12] 로마인들이 기둥을 올리는 데 사용하는 도르래에서부터 18세기 보캉송의 방직기에 이르기까지, 새로운 기계는 항상 인간 노동력 소멸에 대한 두려움을 불러일으켰다. 시몽드 드 시스몽디가 19세기 초에 말했듯이, 어느 날 "왕이 끊임없이 크랭크를 돌려서 영국의 모든 상품을 자동화 방식으로 생산하라고 명하는 것"에서 느끼는 종류의 두려움인데 사실 이런 부분은 경제학자들에게는 짜증나는 일이다. 경제학자들은 반대로 보기 때문인데 기술 혁신은 성장의 궁극적인 원천이고 또 언제나 일자리에 유리하기 때문이다. '영광의 30년' 동안 노동 생산성은 2배가 되었고, 고용 상황도 더 좋을 수가 없을 정도였다. 반대로 1970년대와 1980년대의 실업률 상승에 대해 경제학자들은 일반적으로 기술 진보의 가속화가 아니라 둔화의 결과로 보고 있다.

실제로 경제학자들을 괴롭히는 문제는 고용율보다 성장 속도가 느려지는 것이다.[13] 푸라스티에는 이런 추세를 이미 예측했다. 사회가 서비스 경제로 전환됨에 따라 농업과 산업화 및 기계화와 관련된 성장은 중단될 수밖에 없다는 것이다. 푸라스티에는 오늘날 우리는 밀의 소비량과 가전제품 등에 있어서 비교할 수 없을 정도로 부유함에도 불구하고 저마다 다른 이유로 항상 가난하다는 것을 지적한다. 그에 의하면, 성장의 하락세는 서비스 경제로의 전환에 따르는 필연적인 결과이고, 사회적 평온의 대가다. 환자의 가슴에 청진기를 대고 적절한 약물을 처방하는 의사는 고객을 직접 대면하는 분야에서 일하고 있는데, 시장의 규모와 상관없이 거의 일정한 숫자의 환자를 돌보는 자기 직분을 수행해야 한다. 이런 분야에서는 성장의 하락이 미치는 영향이 크다.

고용 변화를 더 잘 이해하기 위해서는 푸라스티에의 비전을 조금 변화시켜볼 필요가 있다. 재화의 구상과 제조와 처방이라는 생산 과정의 세 단계로부터 시작해보자. 탈산업 사회에서는 물건을 생산할 때 제조 단계가 사라져서 거의 비용이 들지 않는다. 이러할 때 경제에서는 상품 구상이라는 비물질적인 과정과 상품을 처리하는 마케팅이라는, 양 끝이 하나가 된다. 의학의 예를 보자. 약물에 들어 있는 화학식은 비물질적인 것이다. 이 구상은 모든 사람이 혜택을 입는다는 전제 아래 상당한 이득을 본다. 일반 의약품의 경우, 의약품의 실제 제조 비용이 갈수록 절감된다. 마지막은 푸라스티에가 중시하는 의사와 직접 만나서 이뤄지는 전문가 추천 단계다.

이런 시각을 통해 우리는 성장 문제에 대한 잠재적인 해결책을 생각해볼 수 있을 것이다. 새로운 분자를 제공하는 기술 진보 덕분에 의사는 환자를 더 효과적으로 치료할 수 있다. 구상과 처방전의 상호 보완은 서비스업의 생산성을 증가시킬 수 있다. 그러나 지난 20년 동안 일어난 일은 이런 시각이 옳지 않다는 것을 보여준다.

교육자와 노인 도우미처럼 인간을 가르치고 돌보는 직업은 훨씬 더 전망이 나빠졌다. 이들의 미래는 서비스 세계처럼 눈부신 것이 아니다. 각자가 정신분석가이고 미학자인 서비스 세계가 견인해온 사회는 '일자리 양극화' 현상을 만들어내고 있다. 로버트 라이히의 말처럼 '상징 조작자'들인 실리콘밸리의 괴짜들은 예술가와 금융가들처럼 굉장히 부유해졌다. 하지만 면대면의 일자리는 실제로 많이 있긴 하나 처우가 매우 낮다.

대면 일자리의 빈곤화에는 여러 원인이 있는데, 그중 하나는 다른 분야에서 실패한 사람들이 다량 유입되는 영역이라는 것이다.[14] 구시대 산업과 관련된 일자리가 사라지면서 공장이나 관리 부서의 이전 재직자들을 위해 서비스 일자리는 늘어나지만 급여는 하락하고 있다. 그런데 더 정교한 또 다른 요인도 있다. 전산화 시스템으로 인해 지점에서 해오던 수많은 일이 소비자 자신의 일로 넘어가게 된 것이 그것이다.

컴퓨터는 규모의 혜택을 받지 않는 모든 거래 유형도 온라인으로 구조 조정하도록 해준다. 여기서 소비자 부담으로 전가시키는 경향도 생겨났다. 소비자는 물건도 자신이 직접 수리해야 하고 영화관 입장권도 온라인으로 직접 예약하게 하는데, 얼마 지나지 않아 우리는 혼자서 스스로를 돌봐야 할지도 모른다. 곧 3D 프린터를 통해 우리는 필요한 물건을 자기 집에서 만들게 될 것이다. 이런 변화의 추이에서, 1960년대에 작동하던 트렌드의 엄청난 반전을 보게 된다. 과거에 세탁기는 여성이 가사노동에서 벗어나 직장에 나갈 수 있게 해주었다. 하지만 임금노동자가 하던 일을 오늘날의 소프트웨어는 소비자가 직접 수행하게 한다!

그 원인이 무엇이든 간에 임금노동에 영향을 미친 압력은 자본 소득에는 유리한 환경을 조성하지만 임금 소득의 전례 없는 감소를 가져올 것이다. 경제학자들은 이런 변화의 원인을 자세히 분석하면서 눈에 띄는 현상에 주목했다. 각 영역에서 상위 5위권을 차지한 성과 높은 기업들은 시장 점유율이 월등했다. 금융계를 제외하고 이들 회사는 경쟁 업체보다 노동 관리 담당자의 숫자가 아주 많았다는 것이다. 이런 현상은 일반적이다. 영역에 관계없이 회사가 직원을 적게 고용할수록 더 많이 성공한다. 이를 두고 MIT의 에릭 브린욜프슨 교수는 '내용 없는 규모'라 부른다. 우수 기업의 모델은 '승자독식'이라는 구호 속에 들어 있다. 넷플릭스나 구글은 직원을 2배로 늘리지 않고도 매출을 2배로 늘릴 수 있다. 놀랍게도 이런 모델은 디지털 분야뿐 아니라 모든 영역에서 나타나고 있다. 미국의 상위 기업 100개가 지금까지 국가 전체 부가가치의 3분의 1을 생산했는데, 현재는 점유율이 50퍼센트에 이른다.

산업계나 상업계나 호텔업계에서 선두 주자의 비중은 계속 증가하는데 그럴수록 회사의 수익률에 비해 직원 숫자는 항상 줄어든다.[15] 부가가치나 수익률에 비해 직원이 감소하는 규칙에서 보면 오늘날 금융 부문은 예외를 보이고 있지만 그것도 더 지켜볼 필요가 있다. 고용이 양극화되어 있는 산업 시대를 벗어난 오늘날은 대규모의 고수익 분야가 언제나 득세했다. 푸라스티에가 이야기한 사람과 사람이 직접 만나는 예전 방식의 일자리에 국한된 분야는 갈수록 빈곤화를 겪고 있다.

오늘날의 현실은 컴퓨터 혁명이 꿈꾸었던 이상과 거리가 멀다. 이러한 실망은 새로울 것도 없다. 처음 전기가 발명되었을 때, 그때까지 산업 생산의 혈액 역할을 하던 수많은 소규모 작업장이 전기로 큰 혜택을 받을 것이라고 생각했다. 하지만 사용 가능한 동력원을 갖고 있지 않던 소규모 작업장들은 증기 엔진을 장착한 '대규모 회사'와 치열한 경쟁을 치를 수밖에 없었다. 에밀 졸라가 『인간 짐승』 이후에 쓴 『노동』이라는 잘 알려지지 않은 소설은 당시의 이런 분위기를 전하며 전기를 찬양하고 있다. 그러나 전기는 이런 희망을 배신한다. 생산 공정을 좀더 편리하게 조절하고 세분화함으로써 라인 생산을 하는 '대규모 공장' 회사를 탄생시키면서 소규모 작업장의 결정적 쇠퇴를 가져왔기 때문이다.[16]

디지털 사회에 대한 실망도 같은 종류의 것이다. 규모의 경제나 "작은 것이 아름답다"라는 약속은 다시 한번 배신을 안겨주었다. 구글, 애플, 아마존은 과거의 일류 기업인 GM, 크라이슬러와 비교해보면, 주식 시가 총액은 9배나 높지만, 직원 숫자는 3배 더 적다. 우리가 느끼는 모든 두려움의 중심에 있는 것은 바로 노동자 수의 감소라는 사실을 다시 한번 확인하게 된다.

4. 가능한 두 세계

디지털 세상에서는 과연 무슨 일이 일어날까? 우리 자신이 소 멸될 거라고, 그게 아니면 적어도 빈곤해질 거라고 예측하는 사람들의 걱정에 동조해야 하는 것일까? 제러미 리프킨이 베 스트셀러 『노동의 종말』에서 "정보 시대는 우리 코앞에 와 있 다. 지능을 갖춘 기계는 수많은 일자리에서 인간을 대체하고 있다. 그래서 화이트칼라나 블루칼라 수백만 명이 실직자 대열 에 합류하거나 최악의 경우에는 무료급식소로 내몰리고 있다" 고 말한 것은 벌써 1990년대의 일이다. 한나 아렌트가 『인간의 조건』의 유명한 구절에서 말한 것처럼, 가장 오래되고 가장 자 연스러운 짐인 '노동의 부담과 필요성의 굴레'에서 인류가 해 방되는 순간, 상상할 수 있는 최악의 상황인 '노동 없는 노동자 사회'라는 무서운 종말이 열릴 것이다.

노동의 미래에 대한 논쟁은 종종 쳇바퀴를 돌 때가 많다. 비관론자들은 일자리를 지키기 위해 기계를 파괴한 영국의 러다이트 운동이나 리옹의 견직공처럼 항상 과거의 실수와 맞닥뜨리게 된다. 하지만 낙관론자들이 실수를 되풀이하게 하는 일도 아주 쉽다. 인간의 일자리를 보호하는 제방은 모두 허물어졌다. 로봇에게 맡기기에는 너무 복잡한 움직임으로 간주되던 운전도 곧 자동화될 예정이다. 인간의 영역이라고 봤던 공감도, 감정을 느끼는 로봇이 일본의 노인을 돌보는 것을 막지 못했다.

다론 아제모을루와 파스쿠알 레스트레포가 상기시키듯이, 이론적으로나 역사적으로나 디지털화가 일자리에 궁극적으로 효과가 있다고 장담할 수 없다. 19세기 전반이 노동계급에게 특별히 우호적이지 않았다는 것은 두말할 필요도 없을 것이다. 경제사가들은 산업화 과정에는 오랜 임금 정체기가 동반됐다는 사실을 보여주었다. 이런 현상을 조엘 모키르는 '생활 수준의 역설'이라는 말로 설명했는데, 이때는 마르크스가 공장 생활에 대해 종말론적인 글을 쓰던 시절이다.

이런 변화를 제대로 인식하는 데 시간은 분명 결정적인 척도다. 이런 변화는 과연 어떤 지평에서 일어나는 것일까? 현재 디지털 사회는 주로 산업사회의 최적화된 연속처럼 나타나고 있다. 디지털화는 일반적인 비용 절감의 도구였다. 플랫폼을 통해 소비자와 공급자를 직접 연결해주는 우버 같은 공유경제 시스템은 기업 구조와 직원의 근무 조건에 큰 변혁을 가져다주지만 고객을 이동시키는 운전기사는 항상 필요하다. 또 디지털화를 통해 실제 모델을 변경하지 않고도 산업사회에서 파생한 오염과 같은 환경 문제를 관리할 수 있게 되었다. 에어비엔비나 블라블라카 같은 모델은 모두 자동차나 주택처럼 예전과 똑같이 유지되는 자원을 경제적이고 최적화한 이용 방법이라고 이해할 수 있다. 탈산업 사회라는 용어는 그것이 이전 세계의 외부성(혹은 외부효과externality) 문제를 효과적으로 조절할 수 있을 때에만 유효한 용어일 것이다.[17]

하지만 인공지능과 빅데이터로 어떤 갈림길이 생겨나고 있는 것 같다. 택시에 더 이상 운전자가 없고, 방을 떠나지 않고도 온라인으로 보살핌을 받으며 교육도 받고 오락도 접할 수 있게 될 때, 세상은 급격히 변할 것이다. 생산자인 동시에 소비자가 될 디지털 세상의 인간은 완전히 새로운 사회를 만들 것이다. 여기서 우리는 두 유형의 변화상을 상상할 수 있는데, 그중 하나만이 우리를 안심시키는 것이다. 비관적 유형에서 '기호 조작자'인 엔지니어가 만든 소프트웨어, 알고리즘은 디지털 사회를 좀더 경제적인 사회로 만들 것이다. 크고 작은 스타들이 주도하는 이 사회에서, 사람이 하는 일이란 이런 엘리트들을 위한 하인의 일이 될 것이다. 마크 저커버그와 빌 게이츠는 항상 미용사, 의사 및 변호사가 필요한데, 자신을 도와주는 이런 일에 대한 보상은 연속적으로 줄여나가게 될 것이다. 이 시스템은 기술이 미치지 못하고 오로지 사람의 서비스를 받는 것이 사치품이 되는 시스템이다. 정상에서 멀어질수록 일자리의 가치는 떨어지고 디지털화된 것만 부를 생산하게 된다.

인간과 기계가 새로운 상호 보완성을 찾을 수 있는 또 다른 가능성도 열려 있다. 건축가는 고객이 방문할 가상 공간의 집을 구상하고, 교사는 자신의 교수법을 갱신하며, 의료계 종사자(의사, 약사, 간호사)는 디지털 장비의 도움을 받아서 환자의 규모를 추적할 수 있다. 하지만 여기서 인간의 존재는 없어서는 안 될 중요한 요소로 작용하고 있다. 일자리 양극화에 큰 관심을 기울인 미국의 경제학자 데이비드 오토에 따르면, 과거의 논쟁은 항상 인간과 기계 사이의 완벽한 대체라는 환상을 갖고 있었다. 그러나 인간과 기계의 보완은 예외적인 것이라기보다는 규칙적인 것에 더 가까웠음을 역사는 보여주고 있다.

경제학자들은 어떤 기술이 실제로 사용되기 전에 그 안에 들어 있는 의도치 않았던 결과를 특징짓기 위해서 '일반 목적의 기술'이란 말을 사용한다. 증기기관이나 전기는 최초 발명가의 의도를 완전히 넘어서는 방식으로 세계에 혁명을 일으켰다. 증기기관은 탄광의 물을 펌프질하는 데 사용될 예정이었지, 승객을 수천 킬로미터가 넘는 먼 거리를 이동시키는 데 사용될 예정이 아니었다. 마찬가지로 전기세탁기나 텔레비전이 발명되기 전에 전기가 나왔다. 에디슨 자신도 이런 것을 알지 못했다. 원래 발명자가 자신의 발명이 어떻게 쓰일지 몰랐다고 해서 흠은 아닐 것이다. 예컨대 에디슨은 축음기가 죽어가는 사람의 유언을 기록하는 데 사용될 것이라고 생각했다. 과거의 기술 혁신들은 모두 일련의 후속 발명을 통해 성장했다. 컨베이어 벨트 같은 라인 작업은 전기가 작업 구성을 '과학적으로' 생각할 수 있게 했기 때문이 아니다. 단순작업이 되든 더욱 고도화되든 인간 노동의 미래는 사회가 인간과 기계 사이의 새로운 보완성을 어떻게 상상할 수 있느냐에 달려 있을 것이다.

새로운 업무 분할을 정확히 정의 내리는 것은 아직 시기상조다. 그러나 데이비드 아우터가 지적한 것처럼 로봇은 특히 로봇의 환경에서는 아주 좋은 성과를 낸다. 공장에서는 완벽하게 계획된 환경에서 작동하기 때문에 로봇은 자동차를 만드는 데 필요한 대부분의 작업을 수행할 수 있다. 반대로, 타이어에 공기를 주입하고 깨진 유리를 교체하는 정비공에게는 인간적인 측면이 있어야 한다. 매뉴얼을 벗어나서 일할 때에는 사람이 기계보다 뛰어나다. 이런 생각을 이어나가면 '규칙'에 따라 체계화할 수 있는 것은 모두 로봇의 일이고, '임의적인' 것은 모두 인간의 일일 것이다. 로봇은 규칙이 완벽하게 정의된 게임과 같이, 실제로 명확한 목표가 규정된 작업은 잘 수행한다. 또 로봇은 동시에 여러 작업을 수행하도록 요청해도 모든 일을 완벽하게 처리한다. 그러나 로봇은 모순된 명령을 조정하는 능력이 부족하다. 얀 르첸이 지적했듯이 컴퓨터에는 '상식' 같은 것이 없다.

반면에 인간은 멀티태스킹을 아주 잘 수행하는 몸과 마음으로 이뤄진 존재다. 푸라스티에가 자주 가는 단골 미용실의 미용사도 머리를 손질하고 대화를 나누며 손님이 또 오고 싶은 환경을 만드는 미세한 배려 등 한 번에 여러 일을 수행한다. 미시경제 전문가들은 극대화해야 할 목표가 몇 가지 있으면 최적의 프로그램을 찾는 게 매우 어렵다는 것을 알고 있다. 마찬가지로 구소련에서 가능한 한 많은 레닌 흉상을 생산하라는 지시를 내렸을 때 흉상들은 모두 가볍고 부러지기 쉬운 것들로만 생산되었다. 또 무겁게 제작하라는 지시가 내려가니 흉상들은 너무 무거워졌다.

마야 바카시에 따르면 터무니없는 전략에는 모두 똑같은 원인이 있었다. 문제가 미묘하고 한꺼번에 여러 목표가 섞여 있게 되면 판단력이 없는 프로그램은 다른 목표를 희생하고 하나의 목표에 초점을 맞출 수밖에 없게 된다.[18] 로봇이 실패하는 것은 애매모호할 때다. 가령 로봇은 다음 두 문장의 차이를 느끼지 못한다.

1. 경찰은 폭력 사태를 걱정해서 노조의 시위를 금지했다.
2. 경찰은 노조가 폭력을 유발할까봐 시위를 금지했다.

직관적 해석만으로도 인간은 이 문장에서 누가 무엇을 하는지 알 수 있다. 우리는 지시문의 의미를 잘못 해석할까봐 노심초사한다. 핵전쟁이나 금융 위기나 통제 오류나 제약 시험의 오류도 이런 오해에서 나오기 때문이다.

　그러나 로봇이 다른 로봇과 함께 있는 것을 좋아한다면, 기계가 인간에 적응하는 것이 아니라 인간이 기계에 적응해야 하는 것이, 진짜 위험한 상황이다. 티세롱의 말처럼, 우리 인간은 로봇에 익숙해져서 로봇의 리듬과 삶에 통달할 수 있을 거라며 우리 능력을 지나치게 과신해서는 안 된다. 채플린의 영화 「모던 타임스」는 기계의 명령에 복종할 수 있는 인간의 역설적 능력에 대한 미묘한 사례다. 트랜스휴머니스트는 인간과 디지털, 유기체와 디지털의 합성을 주장한다. 그런데 이런 합성은 이미 시작되었다. 아이폰은 인체의 새로운 기관이 되었다. 마치 그것이 우리 존재의 한 부분이 된 것처럼, 하나의 메시지도 빠뜨리지 않으려고, 직장에서든 집에서든 끊임없이 스마트폰을 확인하는 행동은 현대인을 지치게 하는 하나의 습관이 되었다. 노동의 미래와 거기에 들어 있는 불확실성에 대해 걱정하는 것은 분명 중요한 일이지만, 우리가 빨려 들어가는 알고리즘 세계의 속성도 우리에게 닥칠 위협의 또 다른 얼굴이다.

7장

아이폰 세대

질 들뢰즈와 펠릭스 가타리는 『천 개의 고원』이라는 책을 소개하는 '리좀'이라는 제목의 서문에서 인터넷의 하이퍼 세상을 완벽하게 예상하는 것 같은 바람직한 세계의 모습을 제시한다. 리좀은 일반적으로 거의 수평인 다년생 지하 줄기로 정의되는데, 매년 새로운 뿌리와 공중 줄기를 만들어낸다. 리좀은 처음부터 여럿인 네 비해 뿌리는 하나가 여럿을 만들어낸다며 들뢰즈와 가타리는 뿌리와 리좀의 차이를 강조한다. 뿌리는 연속으로 나뉘어 계보를 형성하지만 리좀은 '비유전학적'으로 여럿이다. 리좀은 시작도 끝도 없고 항상 중간이다. "뿌리가 아니라 리좀을 만들고 결코 뿌리내리게 심지 마라! 로고스와 왕의 철학과 관념의 초월성과 이성의 재판소에 대항하라"고 주장하면서 이들은 위계질서에 반대해 리좀 같은 유목민의 강력한 사고를 내세운다.

인터넷이 제공하는 하이퍼텍스트 세계는 무한한 영향으로 이 철학적 프로그램에 완벽하게 들어맞는데 이건 분명 우연이 아니다. 컴퓨터 혁명은 1960년대의 문화를 물려받은 것이다. 페이스북은 눈에 보이는 계층 구조를 사용하지 않고도, 누구나 선택적인 친화성과 근접성을 통해 자신의 사회적 환경을 만들 수 있는 플랫폼으로 나타났다. 여기서는 친구를 마음대로 받아들이거나 물리칠 수도 있다. 여기서는 수평이 하나의 규칙이다. 디지털 세계는 수직적, 종교적인 사회의 생각을 이어받았던 산업사회 신화에 반기를 든 1960년대의 반문화 신화를 이어받은 것이다.

그 결과가 들뢰즈와 가타리가 원했듯이 사람들이 굴종과 계층 구조의 세계로부터 벗어나는 것일까? 그러나 우리가 생각하는 결과는 이와 달리, 사람들이 네트워크에 참여해 자신의 위치를 찾고 타인에게 인정을 받으려고 노력하는 행동들은 해방의 전망보다는 새로운 복종을 예고하는 듯하다는 것이다. 소셜 네트워크라는 커다란 거울 속에서, 사람들은 모두 다른 이들에게 돋보이는 존재가 되려고 자신을 이상화한다. 사람들은 아름다워지려 하고 수많은 친구를 갖고 싶어하며, 자신이 가장 잘한 것을 끊임없이 드러내려 한다. 지금 생겨나고 있는 것은 그야말로 새로운 '구경거리의 사회'라 할 수 있다. 앤디 워홀은 1968년에 "미래에는 누구나 15분 동안 세계적인 유명 인사가 될 권리를 갖게 될 것이다"라고 말한 바 있다. 브뤼노 파티노와 장프랑수아 포젤의 말처럼, '누구나 적어도 15명에게는 유명해질 것'이라는 게 이 예언의 현대판 버전이 될 것이다.[1] 페이스북은 이보다 훨씬 더하다. 인터넷 사용자에게는 수천 명의 친구가 있다(고 믿고 있다).[2]

1980년대와 2000년 사이에 태어난 밀레니얼 세대의 프로필을 분석하면서, 『레제코』지는 이들의 삶이 타인들의 관심거리가 될 만하다고 보도한다. 이들은 '울트라 커넥터이며 인스타그램과 스냅챗의 추종자들이고 이미지에 관심이 있는' 세대다. 인스타그램에는 매일 약 9억9000만 장의 사진과 동영상이 올라온다. 미국 배우 킴 카다시안으로 유명해진 로레알의 '소셜 뷰티'라 불리는 '컨투어링'이라는 새로운 메이크업 제품은 셀카를 찍을 때 빛을 더 잘 포착할 수 있게 얼굴 피부를 가꾼다. 그와는 달리 촬영이 되지 않는 향수는 중요성을 잃어간다! 이것은 밀레니얼 세대가 소셜 네트워크를 떠나는 것을 막지는 않지만 타인과 공유할 수 있는 '경험'을 제공할 때에만 그러하다. 식당도 음식 포르노의 유행에 접어들고 있다. 『뉴욕타임스』의 요리비평가 피터 웰스는 "음식이 사랑받기 위해서는 아름다워야 한다"는 점을 우려한다. 맛있는 숯불 스테이크가 겉면의 색깔인 '갈색이 사진에 잘 나오지 않기 때문에' 메뉴에서 사라질 수밖에 없다는 것이다.

2007년 아이폰의 발명으로 특히 젊은 세대에게서 인터넷의 추세는 더 가속화된다. 심리학자 진 트웬지는 그의 저서 『i세대』에서 젊은 세대의 문화 관행에 대한 강력한 분석을 제시한다.[3] 젊은 아이폰 세대들은 이 기계에 하루 최대 6시간을 쏟아붓는다. 문자 메시지나 이메일을 보내고 읽는 데 3시간을 사용하고 나머지 절반은 소셜 네트워크에 사용한다. 아이들은 아이폰을 가지고 잠을 자거나 베개 밑이나 매트리스 아래에 두고 잠든다. 십대들은 자고 학교 가고 공부하는 데 하루에 17시간을 쓰는데 나머지 시간은 모두 이 새로운 미디어를 중심으로 사용된다.[4]

아이폰 세대는, 한 프랑스 영화에서 집안을 떠나고 싶어하지 않아 부모의 분노를 유발하는 주인공 이름에서 나온 탕기 효과의 희생자다. 젊은이들은 더 이상 성인이 되기를 서두르지도 않고 1960년대의 젊은이처럼 더 이상 가능한 한 빨리 집을 떠나려고도 하지 않는다. "그들은 부모의 보호에 저항하지 않고 그것을 원한다." 라파엘 바케 기자는 이렇게 지적한다. "오늘날 가족은 더 이상 문제가 되지 않는다. 젊은 세대들이 생각하는 가장 중요한 것 중 하나로 가정이 언급되고 있다. 부모는 돈을 치르고 위로를 해주며 준비를 시켜주는 관리인 역할을 한다. 한마디로 일종의 안전한 피난처 역할을 한다."[5]

'안전'은 이 세대의 강박관념을 말해주는 키워드다. '트라우마'는 자주 사용되는 또 다른 용어인데, 구글 도서 데이터베이스에 따르면 트라우마라는 말은 1965년보다 2005년에 4배나 더 많이 사용되었다. 여기서 밀레니얼과 그다음 아이폰 세대의 차이가 생겨난다. 밀레니얼 세대는 낙관적이고 스스로와 사회에 대한 신뢰를 갖고 있었지만, 10년 후 경기침체의 영향을 받은 아이폰 세대는 더 불안해져 있다. 이들은 공개적으로 가령 교실에서 자신을 표현하는 것을 어려워한다. 이들은 자신의 연구에서 성공하기를 원한다. 밀레니얼 세대와 마찬가지로, 이들은 자신의 '소유'와 '박탈' 사이의 커다란 단절에 대해 마음 깊이 불안해하고 있다. 이들은 또 예술이나 정치 참여와 같이 스스로의 활동에서 나오는 '본질적' 가치보다는 성공과 돈이라는 '비본질적' 가치에 더 관심이 많다.

온라인에서 웃고 있는 것이 소셜 미디어의 한쪽 얼굴이라면, '천재적'이라는 놀라운 수준이 안 될까봐 걱정하는 두려움과 타인에게 거부당할까봐 걱정하는 것이 소셜 미디어의 또 다른 얼굴이다. 특히 소녀들에게서 우울증이 많이 늘어났다. "나도 그렇게 되고 싶은 마음에 온라인으로 완벽하게 아름다운 여인을 보면서 많은 시간을 보내요"라고 한 소녀는 진 트웬지에게 고백했다. 인터넷과 연결된 삶에서 행복은 잘 보이지 않는다. 「인터넷과 삶의 만족」이라는 제목의 연구에 따르면 인터넷에서 보낸 시간은 종종 슬픔과 고독감 및 저조한 만족감과 관련 있다. 그렇더라도 이 연구는 인터넷이 고독을 유발한다고는 말하지 않는다. 오히려 인터넷을 자주 사용하기 때문에 살 수 있게 해주기도 한다. 하지만 인터넷이 저조한 만족감의 원인임을 확인해주는 다른 실험도 있었다.

우리는 젊은이들에게 얼마나 행복하거나 슬픈지, 또 페이스북에 얼마나 오래 머물러 있었는지를 말해주는 메시지를 하루에 다섯 번 보내달라고 요청했다. 페이스북은 안락감의 감소를 가져오는 것 같다. 페이스북을 많이 사용할수록 스스로를 불행하다고 고백하는 사람이 많고, 소셜 네트워크 연결 후에 우울증이 더 많이 나타난다. 덴마크에서도 비슷한 연구가 진행되었다. 여기서는 사람들을 페이스북 중단 그룹과 계속 사용하는 그룹으로 구분했다. 일주일이 지나자 페이스북 사용을 중단한 이들은 외로움도 덜해졌고 우울증도 덜해졌으며 더 행복해했다.[6] 소셜 네트워크는 그 이름과는 달리 사람들을 '탈사회화'시키기 때문이다. 페이스북은 실제 만남을 대신하는 경향이 있다. 아이폰 보급으로 친구들과 함께하는 외출이 줄었는데, 진 트웬지에 따르면, 매일 친구와 만나는 젊은이들의 외출이 50퍼센트에서 25퍼센트로 절반이나 감소했다.

아이폰 세대와 정치의 관계는 이상하다. 무관심과 극단적 참여라는 정치적 양극화를 오가는 것 같다. 소셜 네트워크는 어떤 사람의 사진을 수백만 번이나 돌아다니게 하고 또 날카로운 증오의 표현도 너무나 쉽게 전파시키고 있다. 설계자도 깜짝 놀란 것이, 자체 학습을 통해 인터넷에서 스스로 교육하는 소프트웨어 프로그램은 인종차별주의자가 되어서 백인우월주의가 지배하는 블로그에 돌고 있는 고정관념을 되풀이했다는 것이다. 무관심과 과격주의 사이의 이런 망설임은 정당과의 관계에 반영된다. 수많은 미국의 젊은이(54퍼센트)는 스스로를 민주당이나 공화당과 무관하다고 말한다. 그러나 동시에 스스로를 '극좌'나 '극우'로 여기는 사람은 더 많아졌다. 이런 극단주의는 1976년 13퍼센트에서 오늘날은 20퍼센트로 증가했다. 퓨 리서치 센터에 따르면, 우파나 좌파의 다른 진영에 대한 적개심은 계속 커지고 있다. 공화당 지지자 약 58퍼센트와 민주당 지지자 55퍼센트가 다른 진영에 대한 증오를 드러냈다. 1994년에 이 수치는 각각 21퍼센트와 17퍼센트였다.

트럼프와 샌더스는 전통적인 정치권에서는 낯선 사람으로 보이는 만큼 젊은이들의 마음을 사로잡고 있다. 힐러리 클린턴은 기존 정치권에 너무 가깝다고 여겨져 트럼프가 힐러리 클린턴을 이겼는데, 샌더스도 같은 이유로 마음을 끌었다. 버니 샌더스의 '사회주의'에 대한 청소년층의 지지에는 급진적인 개인주의와 경제 불안에 대한 두려움도 영향을 미쳤을 것이다. 그들은 정부를 의심하지만 교육과 건강 지원에 큰 역할을 하고 있다는 점은 인정하고 있다.

1970년대에는 아주 높았던, 언론과 교육 제도에 대한 신뢰와 우호적인 의견도 3분의 2가 무너졌다. 여론의 3분의 1은 미디어에 우호적이고, 절반가량은 교육 제도에 우호적이다. 전면적인 사회 조사에 따르면, 2014년에 언론, 학교, 법원 같은 미국 민주주의의 기본적인 기관을 신뢰하는 미국인은 21퍼센트에 불과하다. 진 트웬지는 아주 가혹한 진단을 내리고 있다. 1970년대 세대들은 거의 일상적으로 작은 잡지라도 매일 읽고 있었던 데 비해, 아이폰 세대는 비디오를 만드는 방법을 잘 알지언정 책이든 기사든 간에 읽는 것은 훨씬 적다는 것이다. 일주일에 적어도 한 번 이상 신문을 읽는 것은 1970년대 초에는 70퍼센트였다가 2015년에는 10퍼센트로 줄어들었다. 인쇄가 사라지고 있는 시대. 지난 20년 동안 인터넷은 '글쓰기'보다는 지난 수천 년 동안 지속되어온 '글 읽기'의 관행을 완전히 바꿔버렸다.

역사적 시간과의 관계에도 변형이 일어난다. 프랑스의 젊은이들 가운데 13퍼센트만이 미래에 살고 싶다고 선언하고 있다. 엄청난 약속에도 불구하고 기술의 기하급수적 발전은 미래에 대한 바람을 만들어내지 못하고 있다. 이런 추세는 '역사적 감각'이 온전히 자리잡고 있던 1960년대의 전망에 대한 엄청난 반전이다. 오늘날 젊은이들에게 현재는 더 이상 과거와 미래 사이의 긴장의 순간이 아니고, 영원한 현재라는 일종의 늪지대와 같은 것이 되었다. 프랑수아 아르토크의 말처럼 이전 세대의 역사주의를 오늘날의 '현재주의'가 대체했다.

이탈리아 사학자 알도 쉬아본은 무시무시한 『역사와 운명』에서 이런 변화를 다룬다.[7] 스스로를 추월하는 기술세계는 미래를 없앤다는 것이다. 기계가 이긴 바둑 게임과 마찬가지로, 기술 세계는 스스로의 운명에 의문을 가질 시간을 제공해주는 이미지 앞에서 잠시 멈춰서는 일도 없고 비판적인 깊이도 없는 아주 평평한 세상이다. 자기 세대가 다른 세대와 상대적으로 어떠한지를 알게 해주는 글은 세대 간의 가교 역할을 하고 있다. 레비스트로스에 의하면 역사가 없는 사회는 글쓰기의 방향 전환이 없는 사회다. 하이퍼텍스트 및 비디오 게임으로 이뤄진 오늘날의 세계는 역사적 의식을 키우는 비판적인 거리두기를 앗아갈 수도 있다.

영화 「매트릭스」에서처럼 가상세계는 실제 세계를 대체하는 경향이 있다. 기 드보르가 『스펙터클의 사회』에서 말했듯이 '진짜'가 '거짓'이 되는 것을 막기 위해서는 정전이 일어나야 한다.

1. 알고리즘 세계

개인의 해방이 우리 시대의 중요한 사건이 될 것으로 예상되었다. 컴퓨터와 워크맨으로 1980년대를 돌파한 것은 새로운 문턱을 넘어선 것으로 해석될 수 있었는데, 타인과 연락하는 데 붙박이 유선전화기의 필요성이 사라지게 한 휴대전화기로 이런 분위기는 더 강화되었다. 에릭 사단이 잘 지적하듯이, 이런 분위기는 1960년대에 시작된 해방 과정의 정점이었다.[8] "새로운 기술 환경의 아이디어는 개인의 개화와 집단의 해방을 위한 것이었다." 만인의 상호 연결과 자유롭고도 수평적인 정보의 흐름을 통해 만인의 조화를 바랐던 것은 원래 히피들의 꿈이었다. 니컬러스 네그로폰테는 1995년에 저서 『디지털 인간』에서 인터넷은 "조직을 평준화하고 사회를 세계화하며 권위를 탈중심화하고 사람들 간의 조화를 촉진할 것"이라고 설명했다.

68혁명과 계몽주의가 꿈꾸던 해방이라는 이상을 충족시키는 인간적인 사회 대신에 우리는 디지털 사회를 만들어냈다. 이 사회는 이전 세대가 꿈꾸던 것이 당연히 아니다. 『호모 데우스』에서 유발 하라리는 이런 변화를 아이러니하게 다음과 같이 평하고 있다. "중세 사람들은 하느님과 하늘이 그들의 삶에 의미를 부여한다고 믿었다. 오늘날의 자유주의자들은 개인의 자유로운 선택이 삶에 의미를 부여한다고 믿는다. 둘 다 비슷한 실수를 하고 있다. 우리는 얼마 안 가서, 개인의 자유의지의 공간은 하나도 남아 있지 않은 너무 극단적으로 유용한 장치와 도구와 구조의 홍수에 빠져들 것이다."

인터넷 사용자는 수많은 곳에 링크되면서 자신의 성격도 자동으로 변하게 된다. 장 보드리야르가 말했듯이 "이런 사람의 정체성은 네트워크의 정체성이지 결코 개인의 정체성이 아니다. 이런 사실은 인터넷 사용자가 가상공간에 숨거나 사라지거나 어디에도 존재하지 않을 가능성을 암시한다." 이 측면에서 디지털 인간은 개성에 대한 오래된 생각과 닿아 있다. 장피에르 베르낭은 이런 사실을 강조했다. 그리스 사람은 타인의 시선 속에서, 다시 말해 모든 '외재성' 속에서 살아간다. '내'가 되기 이전에 우선 '그'로 존재한다는 말이다. 디지털 세계의 사용자들은 타인들의 끊임없는 시선에 매달림으로써 개성에 대한 과거의 정의와 일치하는 사회를 만들어내고 있다. 그러나 그리스 사람들은 시민권에는 사적 영역의 조정이 필수로 따라온다고 보았다. 오늘날은 모든 것이 드러나는 세상이다. 당신이 텔레비전 프로그램을 보거나 운전을 하면서 어디에 관심을 기울이는지도 다 드러나고 있다는 말이다. GAFA가 제공하는 알고리즘 세상에서 '내밀한 자아'는 사라지고 가족의 사생활도 날아가버린다. 인터넷에 접속된 가정은 잠재적인 수많은 프로그램 공급 업체에 주도권을 그냥 헌납하는 중이다. "적어도 일부분은 타인에게 노출될 수 있음을 전제로 해야 하는 우리 사생활은 원점에서 완전히 다시 검토해봐야 한다"는 것이 사딘의 결론이다.

미국가안보국NSA과 미연방수사국FBI은 GAFA에서 수집한 데이터에 접근할 수 있다. 경찰의 감시는 새로운 것이 아니다. 질적인 단절을 일으키는 것은 그 현상의 질적 차원이고, 이런 데이터가 갈수록 더 많은 새로운 업체에 의해 관리된다는 사실이다. 에어비앤비가 임대한 객실의 소유주와 고객 정보처럼 택시 운전사와 고객의 정보등록 시스템이 점점 더 중요해지고 있다. 중립적이길 원하지만 실상은 학계를 심각하게 어지럽히고 있는 '평가위원회'에 의해 대학과 학자들은 이런 식으로 평가와 등급 배정을 받고 있다. 가령 어떤 대학이 상하이교통대학의 대학 평가에서 높은 순위에 들려면 큰 구조조정 정책을 펼쳐야 한다. 상하이교통대학의 평가에서는 시설 규모에 의해 평가 순위가 바뀌지 않기 때문이다.

중국에서는 아주 우려스럽게도, 개인에 대한 사회적 평가가 이뤄지고 있다. '시민 점수' 시스템은 그들의 사회적 행동, 알코올 소비, 지불 지연이나 블로그의 댓글 등을 기록하고 있다. 이런 시스템은 2020년에 의무화될 예정이다.[9] 민주주의 국가라고 해서 이로부터 자유로울 순 없다. 위생 상태와 운동량과 하루의 걸음걸이 수 등을 측정하는 애플리케이션은 보험회사가 요율을 결정하는 기준을 제공할 것이다. 이미 미국에서는 FICO라는 개인 점수를 통해 신용 등급을 결정하고 있다. 지금은 지불 지체만 고려하나 언제 어디로 퍼져나갈지 아무도 모르는 일이다. "만약 당신이 무엇을 하면서 다른 사람 아무도 모르게 하고 싶다면, 처음부터 하지 않아야 할 것이다"라는, 구글의 에릭 슈미트 사장의 답변은 우리를 아연실색케 한다. 그에 말은 데이터 전파에 대해 의문을 남긴다. 이 말은 GAFA에 의지하고 있는 이 세상에 대한 무시무시한 자백이 아닐 수 없다. 숨겨진 것 하나 없고 우리 마음의 내밀한 부분도 하나 없는 것이다.[10]

디지털 세계의 또 다른 삶의 방식은 중독이다. 이 프로세스의 좋은 예가 넷플릭스일 것이다. 시리즈 구성은 항상 동일하다. 여러 스토리가 동시에 시청자에게 긴장감을 느끼게 하고, 좋은 인물이 나쁜 인물이 되고 그 역도 마찬가지다. 영화가 전기산업의 결과이듯이, 넷플릭스 시리즈는 디지털 사회의 위대한 창조물이다. 이메일이든 문자 메시지든 정보를 기다리게 하면서 항상 사람들을 붙잡아두는 것이 디지털 세계의 중요한 동력이 되었다.[11] 자크 라캉의 사위이자 라캉 세미나의 편집자였던 자크알랭 밀레의 말처럼, "21세기 일상생활의 전반적인 모델은 중독이다. '혼자'는 약물을 즐기지만, 스포츠, 섹스, 직장, 스마트폰, 페이스북 등의 모든 활동도 이 약물이 될 수 있다."[12]

프로이트는 『문명 속의 불만』에서 인류가 행복을 위해 프로그램되어 있는 것이 아니라고 지적했다. 행복이란, 침대가 뜨거우면 담요에서 다리를 꺼내고 추우면 다시 넣는 것처럼 그런 일시적인 상태가 결코 아니라는 것이다. 유발 하라리는 만족하지 못하는 사람이 많다는 사실을 다시 상기시킨다. 갈수록 증가하는 약물 소비는 인간 행복의 취약성에 대한 반항의 증거라는 것이다. 디지털 세계는 후편을 기다리게 하는 시리즈물을 내놓아 다시 접속할 수밖에 없도록 강제함으로써 인위적으로 중독성 있는 욕구를 만들어내고 있다. 담요 밖으로 다리를 내놓았다가 다시 넣을 때의 즐거움을 마음대로 만들어내고 있는 디지털 세계는 한마디로, 병 주고 약도 주는 세계다.

긴밀히 결합된 모든 시스템이 그러하듯이, 사이버 세계도 이의 제기와 토론을 할 수 있는 도구를 만들어낸다. 페이스북이 호의의 필터를 거쳐서 합의에 도달하려는 사회적 도구라 한다면, 트위터는 '통제력 상실'의 공간이다. 여기서 우리는 도널드 트럼프가 왜 그다지 트위터를 자주 사용하는지 짐작할 수 있다. 자신에게 쏟아지는 모욕적인 댓글의 홍수 때문에 수많은 사람이 계정을 닫아야 했다. 인터넷은 우리가 존재하는 지층 아래에 마치 하나의 보상인 것처럼 지하 세계를 만들어냈다.

이 세계는 익명으로 온갖 충동을 엄청나게 쏟아내는 대리인과 아바타의 세계다. 이 새로운 지하 세계에서는 사회의 게임 규칙이 완전히 바뀐다. 『뉴요커』에 실린 유명한 그림이 말하듯이, '인터넷에서는 아무도 당신이 개라는 것을 모른다'. 필립 로즈데일은 아바타가 개입해 행동할 수 있는 이 새로운 우주를 특징짓기 위해 '세컨드 라이프'라는 개념을 만들어냈다. 안토니오 카실리의 일본 사례 연구는 개인이 익명의 베일 아래에서 행동할 때 생겨나는 새로운 사회 현실을 보여준다. 회원들이 가명으로 활동하는 2채널 사이트(일본어로 2채널)는 구독자 수가 250만 명에 이르는 세계에서 가장 많은 구독자를 보유한 사이트 중 하나가 되었다. 이 사이트는 흔히 겸손하고, 예절 바르고 위계질서가 분명한 한낮의 모습과는 전혀 상반된 일본 사회의 민낯을 보여준다. 불법 포르노와 거친 비방이 난무하는 이 사이트는 세상에서 스스로를 있는 그대로 드러내지 못하는 이들을 위한 사이트다. 이 사이트의 이용자들은 '체면 손상'의 위험도 없다.

소셜 네트워크 세상에서 태어난 신세대의 역설은 인간이 이만큼 스스로를 많이 드러낸 적도 없지만 이만큼 가면을 사용해본 적도 없다는 것이다.[13] 가상의 정체성을 만들어내다보니 "스마트폰 화면에 보이는 얼굴은 더 이상 진짜 우리 얼굴이 아니라 디지털 자아의 얼굴"이라는 느낌까지 생겨나고 있다. 괴상한 것과 평범한 것은 멀리 있지 않다. 에스캉드-고키네와 네벵의 말처럼, 이탈리아 국회의원을 지낸 포르노 스타 치치올리나 2.0으로 불리는, 킴 카다시안은 모든 것이 과장된 풍자만화의 캐릭터 같다. "지나치게 큰 유방과 엉덩이와 입 등, 그녀는 정상적인 기준을 벗어난 몸을 보여준다. 다른 한편으로, 가능한 한 가느다란 몸매를 만들려는 어리석은 경쟁에 목숨을 걸다가 죽은 거식증 모델도 있다." 이사벨 카로가 대표적인 사례다.

에스캉드-고키네와 네벵은 디지털 세계를 모든 것이 일어나는 무한의 세계, 그러나 비판적 성찰은 불가능한 세계로 보고 있다. 개인주의 전통의 상속자로 자처하는 디지털 문화는 네트워크와 알고리즘의 혼합체를 만들어냈다. 사람들은 어떤 이벤트를 경험하기보다는 널리 알리는 데 더 많은 시간을 쓴다. 우리는 유비쿼터스라는 말처럼 동시에 어디서나 다양한 삶을 살 수 있다는 똑같은 약속을 하는, 친구 찾기 서비스인 틴더나 다른 소프트웨어가 제시해주는 것처럼, 하나의 대화에서 다른 대화로, 한 사람에서 다른 사람으로, 스크롤해서 넘어가기만 한다. 그래서 에스캉드-고키네와 네벵은 "소셜 네트워크는 즉발적인 것에 우선권을 부여함으로써 초자아와 자기 통제가 발현될 가능성은 차단하고 인간의 모든 충동이 분출될 수 있는 가능성은 열어놓는다"라고 결론짓는다. 호모 디지털리스, 즉 디지털 인간은 다양한 장치를 통해서 오로지 "우리 자신의 자아를 상실하라"고 위협하고 있다.

2. 우리 앞의 생

문고리는 닫혀 있다. 68혁명은 산업사회에서 벗어나길 원했다. 그 역시 규칙과 약속과 위협을 요구하고 있는 새로운 세상이 세워지는 중인데, 우리는 이곳에서 살아가는 법을 배워야 한다. 20세기에 전기를 거부하거나 19세기에 철도를 거부하는 것처럼 오늘날 인터넷을 거부하는 것은 쓸데없는 일일 것이다. 그러나 디지털 사회도 몸과 꿈이 있는 개인인 우리와 함께 사는 법을 배워야 한다. 디지털 세계가 감시와 중독의 네트워크로 우리를 완전히 감싸기 전에 사회와 예술가들에게서 나오는 새로운 비판과 새로운 규제가 있어야 한다는 말이다.

이 세계에 대한 규제로는 우선 GAFA 자체의 감시가 필요하다. 이 대규모 기업들은 20세기 초 스탠더드 오일 같은 미국의 거대 기업이 출현할 때 제기되던 것과 똑같은 질문을 부추기고 있다. 이미 통과된 독과점금지법에 대해 다시 검토해야 한다. 공정거래위원회는 GAFA가 디지털 시장에서 점유율을 높이는 것뿐만 아니라 페이스북이 인스타그램과 왓츠앱이라는 잠재적 경쟁사를 사들이는 것을 허용해줄 정도로 지나치게 관대했기 때문이다. 대규모 기업의 시장 독점을 막기 위한 새로운 조처가 있어야 한다. 예를 들어 알츠하이머병과 같은 중요한 문제에 대한 공개 데이터베이스를 만들어 공공이나 민간 조직이 일반적인 주요 관심사를 공유하도록 해야 한다. 공공 기관, 특히 병원과 학교는 인공지능이 제공하는 해법을 검토할 수 있는 수단을 보유하고 있어야 한다. 예를 들어 대형 병원과 의원을 연계하는 의료 조정 네트워크가 출현할 수 있어야 하며 공립 병원이 주도권을 가질 수도 있어야 한다. 또한 정부는 교직원의 지원을 받아 진행하는 방식으로 어려운 학생들에 대한 디지털 지원책도 강구해야 한다.

소셜 네트워크에서 사생활이 사라지는 것은 특별한 규제 대상이 되어야 하는 또 다른 중요한 문제다. 인터넷은 익명으로 보호받는 증오에 찬 비방 글 속에서 개인 데이터가 날것 그대로 팔려나갈 수 있는 이상한 세상을 만들어냈다. 중세 시대에 자의적인 구금의 위험으로부터 개인을 보호하기 위해 영국에 도입되었던 법과 같은, 디지털 세계의 인신보호법은 이제 필수적인 것이 되었다. 이런 필요성은 특히 케임브리지 애널리티카 Cambridge Analytica 사건으로 더 분명해졌다. 이 끔찍한 회사는 트럼프 후보를 돕기 위해 수천만 명의 페이스북 사용자 정보를 훔쳐서 트럼프 캠프에서 부동층 유권자들을 과학적으로 겨냥할 수 있게 해주었다. 2016년 선거가 박빙의 경합을 펼치던 주에서는 단지 수만 명의 표에 의해 결정되었다는 사실을 떠올리면 이 회사의 범죄 덕분에 트럼프가 힐러리에게 이겼다고 생각하는 것은 과장이 아닐 것이다.

GAFA가 미덕의 모범인 척하지만 자기 규제만으로 충분치 않은 것은 분명하다. 유럽위원회는 2018년 5월에 시행된 '텍스트 및 개인정보 보호법'의 토대를 마련하는 데 앞장섰다. 구글은 이런 사태를 예견하여 법을 일반화해 무죄로 판명난 개인 기록이 조회되어서는 안 된다는 '망각될 권리'와 같은 새로운 보호 조치를 장려하고 있다. 은행 신용장 확보든 대학입학자격 인정에서든 공공이나 혹은 민간에서 사용되는 알고리즘의 영향력이 점점 커지고 있기에 이 알고리즘에 대한 투명성 요구는 더 중요해지고 있다. 공공기관은 자신들이 사용하는 알고리즘에 대해 책임을 져야 하며, 민간 부문에도 동일한 규칙을 적용해야 한다. 이 모든 것에는 통제 당국과 이에 대한 효과적인 견제 세력의 점검과 균형이 필요하다.

책임에 상응하는 질문을 제기해야 하는 것은 디지털 세상 전체가 해야 할 일이다. 갈수록 많은 일이 우버와 같이 공유경제로 시스템이 바뀌는 이때 새로운 사회적 규제에 대한 성찰은 급선무 중 급선무다. 포디즘 사회를 해체했던 새로운 사회는 예전에 같은 고용주를 위해 일하던 청소부와 엔지니어 사이에 존재하던 사실상의 연대를 앗아가버렸다. 장인 혹은 수공업적인 같은 환경에서 일하는 서비스 사회가 이런 연대감을 복원하는 것은 쉽지 않다. 새로운 사회보장의 모든 쟁점은 산산이 해체되어 있는 오늘날의 세상에서 생존 위험으로부터 지켜줄 새로운 보호 정책 모델을 설계하는 것이다.

옛 모델의 해체로 가장 큰 피해를 입은 기관 중 하나는 노동조합이다. 어떤 사람들은 현재 노조를 쓸모없는 것으로 생각할지도 모른다. 그럼에도 불구하고 1990년대에 일시적이지만 완전고용으로 복귀했던 미국 사회는 서비스 사회가 새로운 노동조합 운동을 잘 활용할 수 있다는 것을 보여주었다. 필리프 아스케나지는 노조의 새로운 방향 전환으로 1980년대에 폭발했던 산업 재해가 다시 감소하는 현상을 분석했다. 예컨대 '관리인 정의Justice for the Janitors' 캠페인은 건물 유지 보수 부문에서 수천 명의 근로자를 조직해 근무조건을 개선하는 데 성공했다. 그 결과 사고가 급격히 줄어들었다. 정치의 대의민주주의와 마찬가지로 노동조합은 노동계의 근간이며 노동자를 위한 집단적 표현 수단이다. 스칸디나비아 국가들에서 노동조합이 특히 잘 유지되는 지역은, 네덜란드의 바세나르 체제나 덴마크의 유연성 보장과 같은, 대담한 사회적 실험이 가능한 지역이기도 하다. 고용주가 사람들이 일하는 실제 세계와 거리가 멀거나 디지털 플랫폼에 도전하기 어려울수록 노조 활동은 더욱 중요해진다.

개인 생활의 안전 보장에 관한 최근 토론에서는 다른 아이디어도 등장했다. 기본소득 아이디어는 2017년 프랑스 대통령 선거의 새로운 쟁점 중의 하나였다. 브누아 아몽이 획득한 6.4퍼센트라는 초라한 지지율은 기본소득이 정치권에 스며들기까지는 아직 먼 길을 가야 한다는 것을 보여주고 있다. 반대자들은 기본소득을 일의 포기와 게으름에 대한 권리를 주장하는 것과 다름없다며 비난했다.

그러나 기본소득이 곧 노동의 종말로 연결될 이유는 없다. 주요 이론가 중 한 사람인 필리프 판 파레이스는 이런 생각에 단호하게 반대한다. 노동 시간의 단축은 20세기의 큰 꿈이었고, 기본소득은 21세기의 소득이라는 것이다. 기본소득은 덜 일할 수 있게 해주는 것이 아니라 생존 때문에 열악한 일을 하는 사람들이 부당한 협박에 저항할 수 있게 해주는 수단이라는 것이 파레이스의 생각이다. 최초의 옹호자 중 한 사람인 토머스 페인은 기본소득을 유산을 상속받은 사람과 다른 사람들 사이의 불평등을 바로잡는 방법으로 보았다. 상속이 일을 하게 하지 않는다고 주장하는 사람은 아무도 없다. 기본소득은 '인간의 일은 어떻게 되는가'라는 우리 사회의 난제를 해결하는 것을 목표로 한다. 아마르티아 센에게서 영감을 받은 시각에서 보면, 기본소득은 불명예스런 일자리에 반박할 수 있고 예술가나 농민들처럼 기대에 부응하는 운명을 만들어낼 수 있게 해주는, 자유의 정복이라고 정의될 수 있을 것이다.

우리는 또한 디지털 사회가 우리를 자신의 스크린 뒤에 머물러 있도록 지정하는 방식에 의문을 제기하는 새로운 예술 비평을 준비해야 할 것이다. 이제 우리에게는 멈춤과 중단의 기술을 배양하는 것이 그 어느 때보다 절실해졌다. 페이스북을 하지 않고 지낸 날들은 예전의 일요일 휴식과 같이 건강의 원천임을 알려줄 것이다. 오늘날은 즉시 답해야 하는 문자나 전화로 인해 방해받지 않고 누군가와 대화하는 것은 거의 불가능할 정도다.

대인관계를 세련되게 만드는 과정이 다시 필요해졌다. 『뉴요커』의 데이비드 렘닉 이사의 말처럼, 타인에 대한 우리 자신의 관심뿐 아니라 우리의 비판 감각에 큰 영향을 주고 있는 디지털 강박관념에 의문을 제기할 필요가 있다. "디지털 세계의 승리와 마법은 명백하다. 하지만 도덕적 의문의 시대도 같이 왔다."

새로운 디지털 시민권은, 어린이와 청소년 교육은 그들이 직면하게 될 도전에 적응하는 것이 되어야 한다고 요구할 것이다. 사딘과 티세롱은 젊은이들에게 코딩 방법을 가르치는 것이 중요하다고 강조한다. 젊은이들이 반드시 컴퓨터 과학자가 되어야 하는 것은 아니며, 로봇이 알고리즘에 의해 지배되고 있다는 것을 알게 하고, 또 이런 알고리즘이 사람에 의해 만들어지고 해체되었다는 것을 알려주기 위해서다. 이것은 로봇이 인간의 요구를 무력화시킬 수 있는 초자연적 능력을 갖지 않도록

하는 가장 좋은 방법이다. 책이라는 글쓰기 문화는 보호해야 할 또 다른 필수적인 지주다. 받아쓰기 하는 것보다는 책읽기의 맛을 전해주는 것이 더 중요하다. OECD 등급에서 밀려나고 있는 프랑스의 젊은이들은 글을 엄밀한 의미로 읽지 못하기도 하지만 텍스트의 내용을 이해하는 데 힘들어하고 있다.

로베르토 카셀리의 해학적인 분석에 따르면, 책은 저자와 독자 사이의 계약이다. 저자는 적어도 한동안은 책에 주의를 기울이는 독자가 책을 자유롭게 해석하는 것을 허용한다. "작가가 아이패드의 수많은 유혹과 경쟁해야 한다면, 그는 논거 제시보다는 정서적인 것에 영향을 미치는 것을 더 좋아하게 될 것이다." 밀란 쿤데라 같은 작가들이 치열하게 반대하고 있지만, 그렇다고 디지털 책이 나쁜 것이라는 뜻은 아니다. 그렇지만 특히 젊은이들 대상의 책에 대해서는 인터넷 연결 차단 같은 격리 구역을 설정할 필요가 있다.

반대로, 지구 온난화와의 싸움에서 디지털 세계는 연합국처럼 보인다. 신기술은 확실히 이전의 산업사회를 최적화하고 모든 종류의 방해나 혼잡이나 오염을 좀더 효율적으로 관리할 수 있게 해주기 때문이다. 제너럴 일렉트릭에서 사용하는 인공지능 소프트웨어는 전기 수요를 거의 40퍼센트 줄일 수 있다. '스마트 시티'의 약속은 기존 관리 프로세스의 최적화를 통해 에너지 소비를 최소화하는 것이다. 문제는 이 최소값이 너무 높다는 것이다. IT 세계는 그 자체로 강력한 이산화탄소 배출

원이다. 컴퓨터는 많은 에너지를 소비한다. 따라서 페이스북은 컴퓨터에서 방출되는 열을 줄이기 위해 특정 저장 센터를 북극에서 100킬로미터 떨어진 노르웨이로 옮겼다. 인간 두뇌와 비교해보면 디지털 사회가 얼마나 에너지를 많이 쓰고 있는지를 잘 알 수 있다. 세계에서 가장 강력한 컴퓨터인 IBM 세쿼이아는 인간의 두뇌가 1000억 개의 뉴런이 활동하는 것을 시뮬레이션할 때 브라질과 파라과이의 국경에 있는 거대한 이타이푸 댐의 전기 생산량과 맞먹는 12기가와트를 소비한다. 생물학적으로 볼 때 인간은 근검절약의 모델이다. 인간은 20와트 미만의 에너지를 소비하고 있다. 신기술 세계가 더 많이 절약하라는 생태학적 요구에 부응하려면 갈 길은 아직 멀다.

1960년대에 등장한 탈물질주의 사회의 이상은 금융 위기와 그로 인한 금융 불안의 충격으로 뒷걸음쳤다. 문제는 위기가 이 시스템의 일반적인 기능 방식이 되었다는 것이다. 안전을 바라는 이런 생존 욕구에 부응하면서 생존의 시급성과 생존 의지 사이에 일말의 여유를 주는 수단 중 하나가 바로 기본소득이다. 그러나 우리는 이런 단계를 넘어서야 한다. 앙드레 고르스가 『프롤레타리아여 안녕』에서 했던 "자본주의는 우리 모두의 '진정한' 필요에 대해 깊이 성찰하여 그것을 만족시킬 수 있는 최선의 방법을 타인들과 토론해 가능한 한 최선의 대안을 찾아내려는 모든 의욕과 능력을 앗아가버렸다"고 한 1970년대의 발언은 지금도 그 시의성이 여전하다.

제3부 미래로 돌아가기

이런 것이 새로운 예술가 비평의 역할일 것이다. 모든 사람이 '진정한' 욕구에 대한 비판적인 의식을 지닐 수 있게 해주는 비평 말이다.

딜런에서
딥 마인드까지

유발 하라리식으로 말하면, 자본주의는 '과학과 돈 사이의 빅딜' 그것도 파우스트적인 빅딜의 결과다. 하라리는 유머스럽게 이런 사실을 상기시킨다. "수천 년 동안 기독교 사제와 유대교 랍비와 이슬람 성직자들은 인간은 굶주림과 전염병과 전쟁을 극복하지 못할 것이라고 설명해왔다. 뒤이어 은행가와 투자가와 사업가가 나타났는데, 이들은 이 모두를 극복했다." 자살자 숫자가 전쟁 사망자 숫자를 역사상 처음으로 넘어섰다. 번영이 가난을 물리치고 나니 사람들은 기아보다 비만으로 더 많이 죽어간다! 그러나 "역사는 공허함을 싫어하기에 인간은 이미 가지고 있는 것에 만족하지 않고 계속 앞으로 더 나아갈 수밖에 없다." 1970년대의 망설임 끝에 앞으로 더욱 발전할 것이라는 약속하에, 기술과 자본주의의 협정이 새롭게 바뀌었다.

오늘날 사회도 성장에 대한 끊임없는 갈증이 해소되지 않았음을 확인할 수밖에 없다. 오늘날 구매력은 1968년보다 2배나 늘어났지만 프랑스를 비롯한 대부분의 국가는 구매력 문제에 계속 매달려 있다. 허시먼이 1970년대 중반에 발표한 것처럼, 부는 항상 상대적이다. 백만장자에게 '진정한 만족'을 느끼는 데 필요한 재산 수준이 얼마인지 물었을 때, 이들은 각자의 재산 수준에 관계 없이 '자신이 가진 재산의 2배'라고 똑같이 대답했다. 행복을 연구하는 경제학자들은 이것을 구매력의 역설이라 부른다. 구매력이 증가하면 사람들은 자신의 조건이 향상되었다고 생각한다. 하지만 다른 사람들도 더 부유해지면 자신의 상대적 조건이 향상되지 않았거나 불평등이 증가하여 더 악화되었다고 느끼게 된다.

르네 지라르 식으로 말하면, 민주주의 사회는 '모방적 경쟁'을 더 강화한다. 여기서는 모든 것이 다 비교가 된다. "그는 가지고 있는데 나는 왜 없나?"가 비교의 구호일 것이다. 이런 점에서 경제성장은 사회 평화의 훌륭한 수단으로 판명되었다. 10년이나 15년 내에 자신도 상사와 비슷한 상황에 도달할 수 있다는 것을 알고 있는 노동자는 "그는 자동차를 갖고 있는데 나도 곧 자동차를 가질 것이다! 우리는 같은 세상에 살고 있다"라고 생각하면서 자신의 사회적 지위에 대해 안심한다. 어린 시절의 추억으로 돌아온 장피에르고프는 이렇게 회상하고 있다. "세탁기가 집에 도착한 것은 그 자체로 하나의 이벤트였다. 어머니와 여동생이 성가신 집안일에서 해방될 것이기 때문이 아니라, '세탁기가 혼자서 빨래를 하는' 최고의 기술 발명으로 보였기 때문이었다." 텔레비전과 자동차는 특별한 지위를 차지하게 되었다. 지금까지 부유한 사람들의 사치품으로 여겨지던 것이 이제는 휴가, 주말 및 공휴일을 최대한 활용하는 필수 수단으로 나타나기 시작했다.

성공에도 불구하고 산업사회는 싫증을 유발했다. 1960년대 젊은이들은 기존 질서를 무너뜨리려고 진력을 다했다. 그리고 뜻밖의 기적에 의해 산업사회는 정말로 무너졌다. 그 추락의 원인은 68혁명과는 아무 관련이 없는 경제적인 이유다. '영광의 30년'을 낳은 생산성 향상에서 나오던 성장이 멈추었기 때문이다. '일과 당신은 같이 상승할 것'이라는 약속이 사라졌다. 1970년대의 위기와 함께 자본주의는 '다른 것'이 되었다. 새로운 자본주의는 공장을 해체하고 공장에 있던 노동자들을 추방하면서 새로운 성장 동력을 찾는다.

사회학자 로널드 잉글하트는 산업사회가 이전의 봉건사회를 대체했지만 그 사회의 수직성은 그대로 유지했다고 설명한다. 엔지니어가 사제를 대신했지만 생산 현장은 봉건 군주와 가신의 관계만큼 엄격한 위계질서에 계속 의존했다는 말이다. 디지털 사회가 이 오래된 유산을 새로운 사회적 상상계로 대체함으로써 이 유산을 휩쓸어가버렸다는 주장도 가능하다. 매트릭스를 제공한 것은 1960년대의 반문화였다. 디지털 사회는 수평성과 무상성이라는 '리좀의 이상'을 받아들임으로써 '모든 것이 함께 있는' 새로운 시스템을 만들어낸다. 이제는 사무실에서든 집에서든 온라인에 접속이 되어 있어야 한다. 구식 생산세계의 특징인 순종은 까다롭기는 예전과 마찬가지인 창의성이라는 명령으로 대체되었다. 네트워크에서 자신의 자리를 찾으려면 독창성과 함께/혹은 잔인함의 적절한 활용도 필요하다.

디지털 혁명은 생산과 소비 측면에서 두 가지의 획기적인 돌파구를 만들어 구세계를 파괴했다. 통신비용의 감소는 무엇보다 비즈니스와 국가의 전통적인 경계를 벗어난 작업을 계획함으로써 회사의 엄청난 구조조정을 가능케 해주었다. 이런 구조조정은 "가능한 한 시장을 이용하여 생산 비용을 절감하는 것"이라는 애덤 스미스가 예전에 언급했던 단일한 원칙에 의해 행해졌다. 노동자나 공급업체가 될 수 있는 모든 것을 아웃소싱함으로써, 예전의 산업사회가 위계질서는 있었지만 암시적으로 형성하고 있었던 연대의식도 완전히 사라져버렸다.

저비용 자본주의의 부활은 노동계급에게 새로운 빈곤을 가져왔다. 연구자들과 정치권도 놀랄 정도로 전례 없는 역설은, 이런 파멸이 극우파를 다시 만들어내면서 새로운 포퓰리즘의 길을 열었다는 것이다. 그런데 극우파의 재등장은 놀랄 일이 아니다. 1930년대에 이미 보았던 것과 매우 유사한데, 산업사회의 붕괴로 사회적 연대도 붕괴하면서 곧 서민 계층의 사회적 배제가 일어났는데, 서민 계층은 다른 국민과 철저하게 '연결이 끊긴' 세력으로 내몰리게 된 것이다. 트럼프나 마린 르펜 지지자들에게 중요한 문제는 재분배도 착취도 아니고 사회적 배제에 대한 두려움, 즉 타인들과의 관계 상실에 대한 두려움이다.

새로운 기술은 두 번째 측면인 소비에도 영향을 주었다. 자본주의가 사회적 기반을 넓힌 것은 흔히 '슘페터적'이라고 말하는, 모든 이에게 자동차와 나일론 스타킹을 약속함으로써 가능했다.[1] 자본주의가 대중의 지지를 얻은 것은 이전에는 '부자들만 누리던 사치'를 대중에게 제공했기 때문이다. 오늘날은 어떤 욕망이 생겨나고 있을까? 트랜스휴머니스트들의 욕망은 인간을 생물학적인 인간 이상인 신의 수준으로 끌어올려서 불멸에까지 도달하려는 것이다. 이런 욕망은 기술숭배를 전수받은 스타하노프 버전의 슈퍼맨으로, 디지털 세계를 제대로 보여주는 환상이라 할 수 있다. 그러나 교육과 접속과 보완과 접대가 필요한 '신제품'은 바로 인간이다. 전통 철학에서 말하는 인간과는 거의 관련이 없는 육체와 알고리즘의 혼합체인 이 존재는 우리로 하여금 인간의 기초가 되는 인간이라는 개념에 대해 다시 생각하게 한다.

무정부주의적이냐 자유주의적이냐 하는 68혁명의 유산을 둘러싼 논쟁은 당시 산업혁명이 전통사회의 틀을 파괴하는 와중에 인간의 이상에 대한 토론에서 계몽주의와 낭만주의자들이 서로 반대했던 것과 똑같은 순진함을 보여주고 있다. 오늘날 우리가 특히 신경 써서 만들어내야 할 것은 새로운 성장 명령이 우리의 삶을 재구성하는 과정에서 혹시 빠져 있을지 모르는 맹점에 대한 사회학적인 그리고 예술가적인 비판적 태도일 것이다. 우리는 사회적으로 디지털 사회의 명분이 되는 가치를 단념하지 않은 채, 고립된 개인에게 사회적인 공간과 풍부한 지식을 제공해주는 디지털 사회를 최대한 활용할 수 있을까? 알도 쉬아본의 다음 지적이 많은 것을 시사하고 있다. "우리는 우리 책임에 상응하는 통합적이고 글로벌한 합리성을 만들어내는 새로운 휴머니즘이 필요하다. 기술과 기술에 들어 있는 권력 네트워크가 아무런 중재도 없이 우리 삶의 형태를 결정하도록 내버려두어서는 안 된다. 기술과 시장의 연결을 통합하는 동시에 기술 외부에 자신을 배치할 줄 아는 균형점을 찾는 것이 점점 더 필요한데, 이 균형점을 통해서 우리는 공동선으로 보일 수 있는 것을 공들여 만들어낼 수 있을 것이다." 이것은 분명, 다음 반세기 동안 우리가 행해야 할 멋진 과업일 것이다.

주註

서문

1 Bob Dylan, 「The Times They Are A Changin'」, 1964

2 로베르 르그로Robert Legros도 『인류라는 개념』에서 현대인은 18세기 계몽주의 철학이 찬양했던 '뿌리뽑힘'의 욕망과 19세기 낭만주의가 잘 표현한 '정착'이라는 모순된 욕망 사이에서 끊임없이 흔들리고 있다고 말한다.

3 Jean Fourastié, *Le Grand Espoir du XXe siecle. Progrès technique progrès économique, progrès social*, Paris, Presses universitaires de France, 1949—옮긴이

1장

1 코르넬리우스 카스토리아디스는 이렇게 쓰고 있다. "68혁명을 개인주의를 준비하거나 악화시키는 것으로 해석하는 것은 모든 실상에도 불구하고 역사를 다시 쓰려는 가장 극단적인 시도 중 하나다. 이상한 사람으로 보이는 것을 개의치 않으면서 처음 보는 사람에게 말을 걸고 운전자들은 사람들을 태워주려고 멈춰서는 등, 몇 주 동안 서로 우정을 나누고 적극적인 연대를 펼쳤던 것을 잊어버린 것일까. 그렇다면 68혁명에 가담한 사람들의 진실은 쾌락주의적인 이기주의라는 말일까?"(Edgar Morin, Claude Lefort, Cornelius Castoriadis, *Mais 68: la brèche, Vingt ans après*, Fayard, 1988)

2 Jean-Pierre Le Goff, *La France d'hier*, Stock, 2018.

3 1965년에서 1968년 사이에 실업률은 1.5퍼센트에서 2.7퍼센트로 증가

한다.

4 동시에 불평등도 증가한다. 1948년에서 1967년 사이 극빈층 50퍼센트의 총소득은 20퍼센트에서 18.5퍼센트로 감소한 반면 상위 1퍼센트의 소득은 10퍼센트에서 11퍼센트로 상승했다. 특히 중요한 것은 중견 간부와 고위 기술자 중산층인데, 이들 중 상위 1퍼센트를 제외한 중산층 상위 9퍼센트의 소득은 23.6퍼센트에서 26.8퍼센트로 증가했다. 출처: World Income Database.

5 이 점에 있어서는 Benjamin Coriat, *L'Atelier et le chronomètre*, Christian Bourgeois, 1994를 참고할 것.

6 Roland Barthes, *Mythologies*, Le Seuil, 1957, rééd. collection Points.

7 Jean Baudrillard, *La Société de consommation*, 1971, rééd. Gallimard, Folio.

8 앙리 베버가 회고록에서 상기하듯이 그 시대의 생각은 정반대였다. 자본주의의 위기는 극단 좌파의 온상이 된다고들 생각한다. Henri Weber, *Rebelle jeunesse*, Stock, 2018.

9 미국에 대항하는 쿠바 혁명은 청년 학생들을 끓어오르게 한다. 지평선의 허공을 바라보는 눈길을 가진 정말 낭만적인 체의 사진은 도처에 있었다.

10 그는 테러 사건 10년 뒤인 1979년 12월 24일에 운명한다.

11 이 시대의 패러독스 중 하나는 평화회담이 1968년 5월 10일 파리에서 시작되었다는 것이다.

12 첫 번째 바리케이드가 세워진 시위 첫날에 학생들은 바리케이드로 사용한 보도블록이 모래층 위에 있음을 발견한다. 이 문구는 68혁명의 유명한 슬로건 중 하나가 되었다.—옮긴이

13 오늘날 이렇게 정의된 노인의 숫자는 20세 이하인 젊은이보다 많다.

14 Ludivine Bantigny, *1968. De grands soirs en petits matins*, Le Seuil, 2018.

15 Entretien, *Le Monde*, 8 mars 2018.

16 Jean-Pierre Le Goff, *Mai 68, l'héritage impossible,* La Découverte, 1998.

17 Christian Baudelot et Robert Establet, *Une jeunesse difficile,* Editions rue d'Ulm, 2007.

18 큰 반향을 불러일으킨 이 책의 번역본은 모든 산업국가에서 이 문제가 있다는 것을 말해준다. 8개 국어로 번역된 이 책은 30만 부나 나갔다.

19 Pierre Bourdieu, *Interventions 1961-2001. Sciences sociales et action politique,* Adone, 2002.

20 Louis Chauvel, *Le Destin dus générations. Structure sociales et cohortes en France au XXe siècle,* PUF, 2002.

21 프랑스의 최저임금제 확립과 10퍼센트의 임금 인상, 노동 협약 실시, 취업 대책 등이 그 골자였다.—옮긴이

22 Luc Boltanski et Eve Chiapello, *Le Nouvel Esprit du capitalisme,* Gallimard, 1999.

23 Guy Debord, *La Société de spectacle,* Buchet Chastel, 1967.

24 에드가 모랭은 이런 변화를 이렇게 보고 있다. "좌절한 트로츠키파는 네오 히피나 바바쿨로 변신할 수 있었는데 그 역도 가능했다."

25 Daniel Bell, *The Cultural Contradictions of Capitalism.* New York: Basic Books, 1976.—옮긴이

26 자본주의의 이런 이중성은 사회학적 분석에서도 나타난다. 자본주의는 베버식의 금욕주의라는 프로테스탄트의 윤리와 베르너 좀바르트가 주장하는 부에 대한 탐닉에서 나온다. 벨은 자본주의에 대한 이런 분석을 '계산과 질서'의 부르주아 정신과 무제한의 세상을 향한 파우스트 같은 욕망이라는 이중성의 표현으로 보고 있다.

27 전자화와 정보 발달이 특징인 '제3차 산업 혁명'이 도래해 1945~1975년 프랑스의 가계 소비가 무려 2.7배나 증가한 시기.—옮긴이

28 하지만 프로이트는, 문명이 고도의 억압을 요구하는 것은 인간 정신이 자신을 더 잘 이해할 수 있는 보상을 준다고 본다.

29 "욕망은 만족에 대한 욕구나 사랑에 대한 요구가 아니라 사랑의 요구에

서 만족의 욕구를 뺀 차이다."(*Ecrits, La signification du phallus*).

30 『성의 역사: 앎의 의지*Histoire de la sexualite: La Volonté de savoir*』의 첫 권에서 미셸 푸코는 마르쿠제 분석의 기반이 되는 '억압 가설'을 비판한다.

31 어쩌면 레비스트로스는 "역사적 의식의 이 황금시대는 이미 지나갔다. 적어도 이 사건을 통해 생각할 수 있는 것은 여기에는 단지 우연한 상황이 개입되었다는 것을 증명한다는 것이다" 정도로 덧붙였을 것이다.

2장

1 Paul Krugman, *The Age of Diminished Expectations,* MIT Press, new edition, 1990.

2 알베르틴은 마르셀 프루스트의 소설 『잃어버린 시간을 찾아서』의 주인공인 화자 마르셀이 사랑했던 여인이다. 마르셀은 알베르틴의 다른 여인과의 묘한 관계를 의심하고 질투도 느끼지만 사랑을 거두어들이지 못한 반면 그녀는 결국 죽음으로 마르셀을 떠나고 만다.─옮긴이

3 Robert Gordon, *The Rise and Fall of American Growth*, Princeton University Press, 2017.

4 Lionel Fontagné et Hervé Boulhol, "Deindustrialisation and the Fear of Relocalisations in the Industry", CEPII, 2006.

5 Rowthorn and Ramaswamy, "Growth, Trade, and Deindustrialisatio", IMF Working Paper, N° 60, 15 fevrier 2006.

6 André Gorz, *Adieux au prolétariat*(Galilée, 1980), éd. augmentée Le Seuil, 1981, 생각의나무, 2011.─옮긴이

7 그러나 마르크스의 『자본론』보다 덜 알려진 『정치경제학 비판 요강』에는 전혀 다른 이야기가 나온다. 고르스는 마르크스가 "생산 기술 개선과 자동화로 숙련된 노동자들은 질이 낮은 일은 제거하고 기술경제적 과정에 대한 글로벌한 시각을 갖춘 생산을 조절할 줄 아는 고급 기술자만을 남겨두려 한다"고 보고 있다.

8 Bernard Lacroix, *L'Utopie communautaire, Mai 68, histoire sociale*

d'une révolte, PUF, 1982.

9   Roger-Pol Droit et Antoine Gallien, *La Chasse au bonheur. Les nouvelles communautes en France,* Calmann-Lévy, 1972.

10   게다가 성비가 균형 잡힌 사회는 드물었다. "남아의 수가 여아의 수를 크게 초과하는 경우가 많았다. 여기서 경쟁과 분규와 분쟁이 일어났다."

11   "말을 두려워하지 말자. 키부츠는 아이들을 위해 만들어진 게 아니라 우리를 자유롭게 해주기 위해 만들어졌다"는 한 여인의 말을 베틀하임은 전하고 있다. 베틀하임은 범죄를 억제하는 방식에 대해서도 자세히 분석했는데, 그가 만난 여성들은 키부츠가 아이들에게 가장 좋은 환경이라고 반복해서 말했다.

12   그러나 기독교민주당은 선거에서 계속해서 공산당을 이겨 대연합을 위한 모로와 공산당 총서기 엔리코 베를링구에르와의 역사적 타협을 무용하게 만들었다.

13   Leonardo Sciscia, *L'affire Moro,* Grasset, 1978.

14   Robert Muchembled, *Une hitoire de la violence,* Le Seuil, 2010.

15   청년층이 성인보다 평균적으로 더 폭력적이기 때문에 청년층 숫자의 증가도 언급할 수 있다. 그러나 그 효과는 미미하다. 청년 범죄율은 13퍼센트 정도 상승했을 뿐이다.

3장

1   Guy Sorman, *La Révolution conservatrice américaine,* Fayard, 1983.

2   『반동의 수사학: 사악, 무용, 위험』이라는 책에서 허시먼은 불평등을 없애기 위해 고안된 조치의 악영향을 비난하는 것이 보수 담론의 일반적 특징이라고 설명한다. Hirschman, *The Rhetoric of Reaction: Perversity, Futility, Jeopardy.* Cambridge, Massachusetts: The Belknap Press of Harvard University Press *Deux siècles de rhhétorique réactionnaire,* (trad. français Fayard, 1991).

3   Orly Ashenfelter, "Schooling, Intelligence, and Income on

America: Cracks in the Bell Curve", *American Economic Review*, decembre 1994.

4   Eva Illouz, *L'Age de la régression. Pourqoui nous vivons un tournat hitorique*, Editions Premier Parallèle, 2017.

5   Daniel Lindenberg, *Le Procès des Lumières,* Le Seuil, 2009.

6   1968년 2월, 시네마테크 프랑세즈의 앙리 랑글루아가 대표에서 해임되는 사건이 일어난다. 시네마테크는 민간 기구지만 정부의 지원을 받고 있었다. 대표 선임권을 가지고 있던 정부가 랑글루아를 해임하고 운영진을 교체하자 영화인들은 70일 동안 정부에 탄원서를 보내고 시위를 했고, 트뤼포와 고다르 등은 칸 상영관을 점유하며 영화제를 중단시킨다. 끝내 정부가 항복해서 랑글루아는 복직되고 시네마테크는 독립성을 지켰는데, 이 사건은 같은 해 5월 시작된 68혁명의 도화선이 된다. 출처: 68혁명과 (포스트)누벨바그 / 모모 영화학교 http://blog.naver.com/PostView.nhn?blogId=momofilmschool&logNo=220713027627—옮긴이

7   크리스토퍼 래시는 "1970년대 중반부터 오래된 이론의 설명력에 대한 신뢰가 흔들리기 시작했다. 가족에 대한 나의 연구로 인해 좌파가 주장하는 성 해방과 여성의 일자리와 공공서비스 권리라는 의제에 의문을 갖게 되었기 때문이다"라고 주장한다.

8   토크빌이 말했듯이 민주주의에서 전통은 하나의 정보일 뿐이다. 그런데 폭발적으로 늘어난 정보로 인해 전통은 불필요한 것이 된다. 앨런 블룸이 1960년대 후반부터 관찰한, 독서 취향이 사라지는 경향도 그런 현상 중 하나다. "그들에게는 책을 두고 길동무라고 보는 생각이 이상할 뿐이다."

9   Steven D. Oliner & Daniel E. Sichel, "The Resurgence of Growth in the Late 1990s: is Information Technonoly the Story?", *The Journal of Economic Perspectives*, vol. 14 n°4, automne 2000. 프랑스에 대해서는 Gilbert Cette, Simon Corde et Rémy Lecat, "Rupture e tendance de la productivite en France: quel impact de la

crise?", *Economie et Statistique,* 2017.

10 Betsey Stevenson & Justin Wolfers, "Marriage and Divorce:
Changes and their Driving Forces", *Journal of Economic
Perspectives,* vol. 21(2), 2007.

11 Benjamin M. Friedman, *The Moral Consequences of Economic
Growth,* Knopf, 2005, 『경제성장의 미래』, 안진환 옮김, 현대경제연구원
books, 2009.—옮긴이

12 Thomas Chancel, Thomas Piketty, Emmanuel Saez et Gabriel
Zuckma, *Rapport sur les inégalité mondiales,* Le Seuil, 2018.

13 Richard Freeman & Erling Barth, Alex Bryson, James Davis, "It'
s Where You Work: Increase in the Dispersion of Earnings across
Establishments and Individuals in the U.S.", *NBER,* n° 20447, 2014.

14 Philippe Askenazy, *La Croissance moderne. Organisation
innovantes du travail,* Economica, 2002.

15 Alain Ehrenberg, *Le Culte de la performance,* Paris, Calmann-
Lévy, 1991.

16 Philippe Askenazy, *Les Désordres du travail. Enquête dur le
nouveau productivisme,* Le Seuil, 2004.

4장

1 Emmanuel Levinas, *Les Imprévus de l'histoire,* Fata Morgana, 1992.

2 Rudiger Dornbusch & Sebatian Edwards, *The Macroeconomics of
Populism in Latin America,* NBER, 1991.

3 Dominique Reynié, *Les Nouveaux Populismes,* Pluriel, 2013.

4 '대학 교육을 받지 않은 백인' 67퍼센트가 트럼프를 지지했다.

5 트럼프는 농촌이나 소도시 미국인의 지지를 62퍼센트 차지했고, 반대로
힐러리 클린턴은 인구 5만8000명 이상 도시에서 최고 기록인 59퍼센
트 지지를 기록했다. 낮은 인구 밀도와 낮은 교육 수준은 트럼프와 민족
전선을 지지하는 사람들의 두 가지 중요한 공통점이다. 공화당이 획득한

면적은 민주당이 획득한 지역보다 4배나 넓다.

6 이 책은 『반유대주의』『제국주의』『전체주의』라는 3권으로 되어 있다. '정념과 이성'이라는 제목의 피에르 부레츠의 서문은, 막스 베버에서 노르베르트 엘리아스에 이르기까지 사회학에서는 정념을 이성화하는 노력으로 해석되는 서구의 도약이 어떻게 나치의 충동에 휩쓸릴 수 있었는지를 이해하려는, 이 책의 쟁점을 잘 보여주고 있다.

7 Yann Algan, Elizbeth Beasley, Daniel Cohen et Martial Foucault, "The rise of populism and the collapse of the left-rigt paradigm", document de travail CEPREMAP, 2018.

8 에르베 르브라의 지적처럼, 샹파뉴-아르덴 지방 노동자들 48퍼센트가 르펜을 지지했는데 미리-퍼레네 지방 노동자들은 15퍼센트만 지지한다. 이런 편차는 노동자들이 민족전선을 지지했다고 보기에는 충분하지 않다는 것을 보여준다. 설문조사에 따르면 아버지 직업은 르펜 지지와 무관하다는 것을 보여준다. 중요한 것은 개인의 감정이었다. Hervé Le Bras, *La Pari du FN*, Autrement, 2015.

9 설문조사를 통해 불만감이나 웰빙과 같은 주관적 변수를 측정할 수 있다. 주관적인 만족감이나 불만감이 지지를 결정하는 중요한 역할을 하는 두 후보는, 불만감이 크게 작용한 르펜과 만족감이 크게 작용한 마크롱이었다.

10 Éric Maurin, *L'égalité des possibles. La nouvelle société française*, La République des idées / Seuil, 2002.—옮긴이

11 Serge Paugam, *Vivre ensemble dans un monde incertain*, Éditions de l'Aube, coll. "L'urgence de comprendre", 2015.—옮긴이

12 세르주 포감은 또한 아주 분명한 말을 덧붙였다. "그들이 사회 질서를 깨뜨리고 있다는 생각과는 역설적이게도 범죄 집단은 실제로 대안적인 사회 통합의 방법을 찾고 있다." 종교 공동체에 속한다는 소속감은 '민족전선' 지지자들과 똑같이 사회 통합의 어려움에 직면한 사람들에게 보상의 역할을 한다는 사실을 덧붙여 말할 수 있을 것이다.

13 Gilles Deleuze et Félix Guattari, *L'Anti-Oedipe*, Edition de Minuit,

1972.

5장

1 멜랑숑 지지자들은 르펜 지지자들처럼 '체제 반대파'이긴 하지만 타인에 대해서는 아주 강한 신뢰감을 갖고 있다.

2 Lant Pritchett, "Let Their People Come", Center for Global Development, 2006.

3 David Card, "Is the new immigration really so bad?", Federal Reserve Bank of Philadelphia.—옮긴이

4 Hillel Rapoport, *Repenser l'immigration en France. Un point de vue économique,* Editions rue d'Ulm, 2018, et El Mouhoub Mouhoud, *L'Immigratione en France,* Fayard, 2017.

5 실제 사건인 영화감독 살해 사건 이야기다.—옮긴이

6 Ian Buruma, *On a tué Theo van Gogh: enquete sur la fin de l'Europe des Lumieres,* Falmmarion, 2006.

7 슈바르츠는 사사분면의 '가치' 분류를 제안한다. 첫 번째 사분면의 정서는 자율성으로 '자기 주도'에 관한 것이다. 모든 인간에게는 자기 운명을 생각으로라도 지배하고 싶어하는 욕구가 있다. 두 번째 사분면은 쾌락과 관련이 있다. 사람은 즐거움은 추구하고 고통은 멀리한다. 세 번째 사분면은 다른 사람에게 자신의 의지를 강요하고자 하는 권력 의지에 관한 것이다. 마지막 사분면은 자기 초월의 것으로, 정의나 자비 같은 것이다.

8 이것은 이탈리아에서 2018년 5월 '리그당'과 '오성운동' 사이에 형성된 동맹의 원동력이기도 하다.

9 이슬람 근본주의 운동, 지하드 운동을 지칭하며, 코란과 순나에 기초한, 초기 이슬람 신앙으로의 복귀를 주장하는 수니파 운동이다.—옮긴이

10 아민 베냐미나와 마리-피에르 사미티에는 주요 공중보건 위기라고 서슴없이 말하고 있을 정도다. Amine Benyamina et Marie-Pierre Samitier, *Comment l'acool détruit la jeunesse. La resposabilité des lobbies et des politiques,* Albin Michel, 2017.

11 Alan Kruger, *What Makes a Terroist. Economics and the Roots of Terrorim*, Princeton University Press, 2007.

12 Pauline Escande-Gauquié et Bertrand Naivin in *Monstres 2.0 L'autre visage des reseaux sociaux*, Editions François Bourin, 2018 에서 인용.

6장

1 레비스트로스는 1962년에 『야만적 사고』를 통해 사르트르의 실존주의를 날카롭게 비판하면서 구조주의 시대를 열었다. 여기서 탈계급 사회라는 이상은 레비스트로스의 시각에 대한 비판으로 볼 수 있다는 의미인 것 같다.—옮긴이

2 Jean Fourastié, *Le Grand Espoir du XXe siècle. Progrès technique, progrès économique, progrès social*, Paris, Presses universitaires de France, 1949—옮긴이

3 규모의 수익 증대로 이익을 얻는 기업은 누적된 혜택을 누릴 수 있어 더 효과적이다. 이런 메커니즘을 완벽하게 보여주는 것이 가파GAFA(구글, 애플, 페이스북, 아마존)의 상승이다.

4 Serge Tisseron, *Le jour où mon robot m'aimera*, Albin Michel, 2015.

5 그르노블대학의 베나비드Benabid 교수팀에 의해 개발되었다.

6 전설과는 달리, 아인슈타인의 뇌 무게는 인간 뇌의 평균 무게인 1.4~1.5 킬로그램보다 가벼운 1.23킬로그램이다.

7 50년 이래로, 정보 비용은 뉴욕시 집주인에게 10센트만 부과될 정도로 줄어들었다. 동일한 할인율을 적용하면 실제 가치보다 19조 배나 저렴하다. 정말 얼마 되지 않는다. 컴퓨터 가격은 18개월마다 2배씩 줄어든다. "할머니가 태어날 때에 비해 10의 18승, 즉 조兆배만큼 줄어들었다"고 테그마크는 정확히 지적한다.

8 Danièl Tritsch et Jean Mariani, *Ça va pas la tête?*, Belin, 2018.

9 물론 세포 분열 후에 새로운 뉴런을 만들어내는 줄기세포도 있다. 그러

나 그것은 거의 예외의 경우다. 두 해마 지역에서는 약 700개의 뉴런이 생겨나는데, 이것은 그 사람 전체 뉴런의 0.01퍼센트에 해당된다.

10 Francis Eolff, *Trois utopies contemporaines,* Fayard, 2017.

11 기계가 우리처럼 생각하기 위해서는 고통과 즐거움도 느껴야 할 것이다. 인간의 뇌 활동은 시각이나 청각과 같은 감각기관과 움직이고 걷는 행동기관과 연계되어 있다. 장에는 2억 개의 뉴런으로 된 신경이 분포되어 있는데, 질과 기울리아 엔더스의 책 『매력적인 장 여행』처럼 장을 '제2의 뇌'로 간주하는 이야기가 나오고 있다.

12 Alfred Sauvy, *La machine et le chômage: les progrès techniques et l'emploi,* Paris: Dunod/Bordas, 1980. — 옮긴이

13 로버트 고든은 성장률 하락에 대해 『미국 성장의 상승과 하강The Rise and Fall of American Growth』이라는 대단한 책을 내는데 여기서 그는 선진국들의 성장률 둔화를 기록한다. 유럽은 1970년대 중반 이래 성장률이 평균 3퍼센트에서 2퍼센트, 그리고 또 1퍼센트로 감소하는데 특히 전기와 내연기관 엔진의 성장률은 전에 없는 수준이었다.

14 David H. Autor et David Dorn, "The Growth of Low Skill Service Jobs and the Polarisation of the US Labor Market", American economic Riview, 2013, no 103(5). 일자리 양극화는 일반적으로, 서비스와 행정 및 산업계에서 중간 일자리의 소멸로 나타난다.

15 OECD에서 나온 결과(Anderew et al, 20165)도 같은 방향을 가리킨다. 상위 5위와 나머지 나라의 격차는 갈수록 벌어진다. 저자들은 그 원인으로 상위국들이 자신들의 진보가 나머지 나라로 확산되는 것을 막을 수 있었기 때문이라고 보고 있다.

16 우리는 경제사에서 더 많은 오해를 찾아볼 수 있다. 철도가 발명되었을 때, 철도가 시골 마을을 도시와 연결시켜주어 멀리 있어도 마을이 성장할 수 있을 것이라고 생각했다. 그러나 도시가 마을을 삼켜버린 것이 실제 현실이었다. 경제학자들의 말처럼 철도는 양방향의 여행을 제공하기 때문이다. 도시에 살면서도 세계 모든 물품을 구입할 수 있는데 굳이 시골 마을에 살아야 하는 이유가 없었던 것이다.

17 외부성 혹은 외부효과externality. 다수의 생산자와 소비자가 존재하는 경쟁 시장에서는 외부성으로 인해 편익이나 비용을 시장 가격이 정확히 반영하지 못하는 경우. 그래서 생산자와 소비자는 편익과 비용에 대해 일부만을 얻거나, 부담할 수 있다. 그 결과 사회적으로 재화나 용역이 적정수준으로 생산, 소비되지 못하여 비효율적인 자원 배분의 문제를 야기한다. 가령, 발전 공장의 공해 배출 문제 해결에 드는 비용은 국민 전체가 부담하면서, 그 편익은 발전 공장의 소유로 하는 불균형 문제가 좋은 예다. 대규모 사업체에서 생겨나는 이익은 사유화하고 손해는 사회화하는 문제도 크게 보면 외부성 혹은 외부효과의 문제로 볼 수 있을 것이다 (위키백과 참조).—옮긴이

18 기본 논문은 Bengt Holmstrom과 Paul Milgrom의 "Multitask Principal: Agent Analyses", *Journal of Law, Economics and Organisation,* 1991. Maya Bacache Beauvallet, *Les Strategies absurdes,* Le Seuil, 2009.

7장

1 Bruno Patino et Jean-Fraçois Fogel, *La Condition numérique,* Grasset, 2013.

2 그러나 판티노와 포젤이 인용하는, 자기 이름을 딴 법칙으로 유명한 영국 인류학자 로빈 던바는 한 개인이 사회적 삶을 살 수 있는 인간 집단의 크기에는 심리적 한계가 있다는 것을 밝혀냈다. 던바가 보는 인간 집단의 평균 규모는 148명인데, 이 숫자는 수렵채취인 캠프나 유목민, 고대 로마의 작전 부대에서 발견되는 숫자다. 페이스북의 상호작용을 연구한 던바는 여기에는 평균 338개의 '실제' 연결이 있음을 밝혀냈다. 페이스북은 그러므로 사실 인간 집단의 오래된 평균치를 2배나 허용하고 있다.

3 Jean Twenge, *iGen: Why Today's Super-Connected Kids Are Growing Up Less Rebellious, More Tolerant, Less Happy--and Completely Unprepared for Adulthood--and What That Means for the Rest of Us,* Simon and Schuster, 2017.

4 투웬지의 조사에 따르면, 젊은이들이 스크린에 소비한 시간은 다음과 같이 다시 나뉜다. 젊은이들은 문자메시지에 28퍼센트, 인터넷에 24퍼센트, 비디오 게임에 18퍼센트, 텔레비전에 24퍼센트, 채팅에 5퍼센트의 시간을 사용한다.

5 Raphaëlle Bacqué, "Aoir vingt ans en 2018: grandir, drôles e familles", *Le Monde*, 29 mars 2018.

6 고독감은 36퍼센트 감소했고 우울증은 33퍼센트 감소, 행복감은 9퍼센트 향상되었다. 덴마크어 연구는 성인들 대상이었고 미국의 연구는 학생들 대상으로 진행되었다.

7 Aldo Schiavone, *Histoire et destin ‹Storia e destino*, Belin, 2009, — 옮긴이

8 Eric Sadin, *La vie algorithmique: critique de la raison numerique*, L' Echappée, 2015.

9 Anna Mitchell et Larry Diamond, "China's Surveillance State Should Scare Everyone", *The Atalntic*, 2 fevrier 2018.

10 "Seuls les criminels se soucient de proteger leurs données personnelles", interview a CNBC, 7 decembre 2009.

11 파티오와 포젤은 디지털 세계가 유발하는 몇 가지 증후군을 확인하는데, 여러 정보를 피상적으로 받아들이는 데서 오는 주의 산만과 강박장애와 강박적 행동을 유발하는 반복적인 생각과 과잉행동 및 주의집중 부족으로 인한 불안 장애가 그것들이다.

12 Jacques-Alain Miller, *Le Point*, 18 août 2011.

13 보드리야르의 말처럼 "더 이상 모방, 반복, 패러디가 아니라 현실의 기호로 현실을 대체하는 것이 중요하다."

결론

1 조엘 모키르는 자본주의를 애덤 스미스의 자본주의와 슘페터의 자본주의로 구분한다. Joel Mokyr, *The Lever of Riches, op.cit*.

유럽을 성찰하다

초판 인쇄	2020년 8월 11일
초판 발행	2020년 8월 21일

지은이	다니엘 코엔
옮긴이	김진식
펴낸이	강성민
편집장	이은혜
마케팅	정민호 김도윤 고희수
홍보	김희숙 김상만 지문희 우상희 김현지
독자모니터링	황치영

펴낸곳	(주)글항아리	출판등록 2009년 1월 19일 제406-2009-000002호
주소	10881 경기도 파주시 회동길 210
전자우편	bookpot@hanmail.net
전화번호	031-955-2682(편집부) 031-955-8891(마케팅)
팩스	031-955-2557

ISBN	978-89-6735-819-8 03100

글항아리는 (주)문학동네의 계열사입니다.

이 도서의 국립중앙도서관 출판예정도서목록(CIP)은 서지정보유통지원시스템
홈페이지(http://seoji.nl.go.kr)와 국가자료종합목록시스템(http://www.nl.go.kr/
kolisnet)에서 이용하실 수 있습니다. (CIP제어번호: CIP2020032980)

geulhangari.com